子どもの絵に学ぶ

絵から読み取る子どもの想い

福田隆眞 監修
山口県造形教育研究会 研究部 編著

三晃書房

まえがき

　この度、『子どもの絵に学ぶ』と題して、『子どもの絵は語る』のパート2を発行することになりました。前回から10年を経ようとしています。この本は山口県造形教育研究会の皆さんの日常的な美術教育の活動を通して、その中から生まれた子ども達の絵画やデザインの平面作品について解説したものです。子どもの絵を通して学ぶことを目的としています。

　『子どもの絵は語る』は、平成18年までの教育課程、学習指導要領に沿った美術教育の授業や活動で取り扱った、幼稚園、保育所、小学校、中学校、高等学校、総合支援学校の子ども達の作品を取り上げて、当時の作品の傾向や個人の思いや夢を解説しました。

　本書も基本的に同じ考え方で作成しました。この10年の間に教育課程が変更されました。その一番の特徴は「共通事項」という考え方が明確になってきたことです。美術の表現や鑑賞において、美術の基礎となる色や形や材質感によって表現の方法や鑑賞の見方に関連させて考えるようになったことです。

　21世紀を過ぎ早20年を迎えようとしている現在、私達を取り巻く生活と視覚的環境はずいぶんと変化をしてきました。映像に関わる機器は以前のようなフィルムカメラによる写真からデジタルにほぼ入れ替わり、スライドからコンピューターの画面に変わり、インターネットで画像の転送も無限になってきました。画面上での絵画表現もあるいは世界中の作品鑑賞もできるようになってきました。そして大人も子どももスマートフォンを手放せなくなってきています。

こうした状況の現代においても、学校での美術教育は鉛筆や絵の具やクレヨンなどで絵を描いています。それだけでなく、粘土や砂遊び、自然の材料や人工の材料での工作も授業で行われています。それらは人間にとって根源的な活動であり、楽しいからです。材料を手にして、直接、つくったり描いたりする活動が人間の楽しい活動だからです。子ども達は描画材料を使って、直接、表現することで楽しさや夢を伝えているのです。

　美術を始めとして芸術活動に参加する機会が増えてきています。参加型のワークショップや親子で参加する催し物など、芸術活動に地域住民の参加が増えてきています。美術の展覧会においてもワークショップや講演会、自由参加の作品鑑賞や解説など様々な取り組みによって参加者が増えています。また、現代美術においては、社会や世界の問題をテーマとして、環境問題や平和や人権といった地球的規模のメッセージや個人の内面や地域の歴史や文化へのメッセージを発信するものがあります。

　本書で取り上げた子ども達の作品は、幼稚園、保育所の園児から、思春期を迎えている高校生の作品まであります。発達によって夢や楽しさ、社会や世界へのメッセージを、平面作品で表現しています。これらの作品に触れることで、子どもの絵を読み解いて、今後の美術教育の一助となれば幸いに思います。

平成30年7月
山口県造形教育研究会会長
福田隆眞

もくじ

5 ● 山口県の造形教育の特徴と内容
8 ● 表現の発達段階と系統的な支援
14 ● 描画における発達段階

作品と解説

20 ● 幼稚園児・保育園児の絵

30 ● 小学生の絵　1・2年
40 ● 小学生の絵　3・4年
50 ● 小学生の絵　5・6年

60 ● Column　小学校図画工作科での鑑賞活動
64 ● Column　小学校図画工作科と評価

66 ● 造形表現の技法
70 ● 地域創生における美術と文化芸術

72 ● 中学生の絵　1年
80 ● 中学生の絵　2年
88 ● 中学生の絵　3年

96 ● Column　中学校美術科での鑑賞活動
100 ● Column　中学校美術科と評価

102 ● 高校生の絵　1年
105 ● 高校生の絵　2年
108 ● 高校生の絵　3年

山口県の造形教育の特徴と内容

1　幼稚園、保育所から高等学校、大学までの連携

　山口県では、約70年前から各校種が連携して造形教育を行ってきました。その造形教育の連携を推進している中心が、「山口県造形教育研究会」です。山口県造形教育研究会は、小学校教育研究会図画工作部会と中学校教育研究会美術部会を中核とし、幼稚園・保育所、高等学校の各団体が参加して組織を構成しています。また、大学の美術教育に携わっている先生方にも参画していただき、より幅広い視点からの「造形教育・美術教育」における連携を図っています。この連携は、子ども達が成長する過程における「造形教育・美術教育」の役割や価値を考える上で大きな意味をもっていると言えます。指導に携わる校種の中だけの「造形教育・美術教育」について考えるのではなく、「何のために子ども達に造形指導をするのか」「図画工作、美術の学習で子ども達に必要な資質・能力をどのように育むのか」などの課題について、多様な視点をもって、成長過程での子ども達の姿を通して考えることができるからです。

　その連携の基盤となっているのは「山口県学校美術展覧会」で、平成30年度で71回目を迎えます。「山口県学校美術展覧会」は幼稚園・保育所、小学校、中学校、高等学校、盲・聾・養護学校の部で構成されており、それぞれ平面の部、立体の部があります。事前に県内の各支部で審査された作品を持ち寄って、毎年1月から2月にかけての約1週間の期間、山口県立美術館で開催しています。

　この「山口県学校美術展覧会」の大きな特徴は、県内の幼稚園、保育所から高等学校までの全ての校種の作品が展示されることです。それぞれの校種あるいは小・中学校合同による全県的な展覧会は他県にも見られますが、全ての校種の作品が集う全県的な展覧会は他に例を見ません。

　展覧会に展示されている作品は、それぞれの校種で推奨される作品です。作者の表現したい「思い」は何なのか、指導者のどのような提案で、どのような指導のもとに表現されたのか、作者の独創的な表現や工夫はどこに見られるかなどの視点で、幼稚園・保育所の子どもの作品から順次鑑賞していくと、おのずと子ども達にとって望ましい造形的な資質や能力、成長の過程に合った適切な指導の必要性、校種を超えた理解や連携の必要性が見えてきます。

2　造形教育のあるべき姿

　現在の山口県の子ども達の絵の特徴は、端的に言えば「明るく元気」なことです。明るく美しい色彩や生き生きとした線、それぞれの子ども達の工夫された構成等が、絵の中の随所に見られます。しかし、今から

30年くらい前までは、指導者の意図が強く反映した表現も見られました。「描きたいと思って描いた絵」ではなく、「描かされた絵」が見られたということです。造形教育研究会では、「子ども達の表現のあるべき姿」を学習指導要領等から探り、いろいろな場面で提案を繰り返してきました。その提案は以下のものでした。

①**子どもの主体的な表現を重視する**
　何を・何を使って・どう描く(つくる)かの３点が子ども中心であること。描く題材、描画材料、描画方法の決定が子ども中心であることです。子どもに表現の経験が少ない場合、指導者が意図的に描画材料や描画方法の適切な指導を行うことが必要です。しかし、求めたいのは、その子ならではの「思い」をその子ならではの工夫を生かして表現されたものです。描いたりつくったりすることが楽しい、自分にとって新しい発見があった(学習を通して分かった)という思いが伝わってくる作品が望ましいと言えます。

②**表現の過程を重視する**
　下絵の線を生き生きと描く、自分で美しいと感じている色彩を調和させて表す、新たな発想から工夫を思いつき表現を追求するなど、表現する過程で発揮されたそれぞれの子どものよさを見つけ、評価することが大切です。

③**子どもの伝えたい思いを重視する**
　子どもの伝えたい思いは、表現の原動力となります。よりよく伝えようとする時には、詳しく描いたり、表情や動作を考えたり、美しい色と調和や変化を考えたりといった、様々なその子なりの工夫が見られます。また、題名にも、その子の伝えたい思いが込められています。伝えたいことが見る人により伝わるように、表現および鑑賞の指導をいっそう関連づけて行うことが大切です。

④**子どもの表現の幅の広がりや豊かな発想を重視する**
　子ども達の豊かな発想を引き出すためには、題材設定が重要です。指導者の「この題材では○○なことをしようと思うのだけど……」という提案と、「こんな材料、方法で……」という提供によって、子ども達の感覚を刺激し、「自分なら○○してみたい、こんな工夫もできそうだぞ」という思いが膨らんでくるのではないでしょうか。指導者の学ばせたいことが子ども達の学びたいこととなり、形や色、材料に進んで働きかけ、発想を繰り返し、豊かな表現につなげていく指導が感じられる作品を重視していきたいと考えています。

　以上のような視点で子ども達の表現を見つめ、指導を継続してきたことによって、子ども達の表現に「明るさ、元気さ、美しさ」が膨らんできたのではないかと考えて

います。

3　造形教育への関心と取り組み

　教員の研修の場としては、「山口県造形教育研究ゼミナール」があります。その時代によって内容に変遷はありますが、夏休み期間中２日間の開催日程で、大きくは研究実践の発表をもとにした協議、実技講習会の二つで構成されています。このゼミナールには、造形教育に関心のある教員や、指導技術の向上を目指す教員が参加して、大きな成果を上げています。以前は校種別に協議等を行っていましたが、内容別に分科会形式で行うようになってからは、教員の興味や関心に応じた選択ができるようになり、校種を越えた教員間の交流が行われています。

　この他にも造形教育研究会の各支部では、それぞれ研修会や協議会が定期的に開催され、活発に活動を展開しており、全県的な取り組みを具体的に進めていく上で重要な役割を担っています。

　今後も、幼稚園・保育所から小学校、中学校、高等学校、大学までの連携を大切にしてきた山口県らしい「造形教育研究会」の取り組みを大切にし、よさを継続できるように、より内容を充実させていきたいと考えています。

表現の発達段階と系統的な支援

1 系統的な支援の必要性

　子どもの絵の表現は、子どもによって多少の違いはあるが、成長するにしたがい少しずつ変化していく。個人差はあるものの、基本的には同じ発達の道筋をたどる。そのことから、何も指導しなくても自然と発達していくように思われるが、これらの発達は自然になされるものではなく、外部からの働きかけや適切な援助によって発達していくものである。発達の順序性についても、スムースにステップアップしていくのではなく、それぞれの段階を行きつ戻りつしながら徐々に発達していく。それゆえに系統的な働きかけや教育が必要となる。

　したがって、学校における造形活動の目的は、自由に表現することではなく、自由に表現できるようになるために必要な感覚や能力を獲得していくことである。そこでは、一人ひとりの発達や学習内容の獲得の程度、思考の過程などを把握し、子ども達自身が自分の能力に応じて課題を見つけられ、自分の学ぶべきことを主体的に自覚できるように指導する教師の力が必要である。つまり、子ども達の思いや能力が作品にどのように具体化されているのかをしっかりと見極める能力が、これまで以上に教師には求められているのである。

2 子ども達の作品をどのように見取るか

　形や色で表現された作品から子ども達の学びをどのように見取り、評価するのかということは、美術教師にとって大きな課題である。他教科のテストのように明確な規準が示されているわけでもなく、教師の主観によるところが大きい。教科の性質上教師の主観を排除することは難しい。本書では展覧会での入選作品などを中心に、そのよさや評価の観点などについて具体例を挙げながら、少しでも現場の教師が「審美眼」を磨く砥石となればと考えている。

　ところで、美術展やコンクールにおける審査という形での評価と、教室における学習の成果としての作品の評価とでは、その性格は異なる。美術展やコンクールの場合、審査は作品や出品票をもとに行われ、他の作品と比較しながら行われる。似かよった傾向の作品、同じ題材の作品の中からよいものを選び、傾向や題材の異なる多様な表現の作品が展示されるように配慮することもある。

　しかし、授業の場合は選抜することが目的ではないという点に大きな違いがある。直接子ども達と話したり、制作カードや学習プリントなどから読み取ったりできる。作品の生まれてくる過程を作品以外からも知ることができるのである。このことは、美術展などの評価は審査であり、授業にお

ける評価は実践であるという評価の質の違いを示すものである。

　子どもの絵を見る時は、大人の目線ではなく、子どもの目線で、絵を通して子どもの考えを教えてもらったり、子どもの考えを発見し、感動したりする気持ちで見るようにしたい。大人はともすると写実的に描いた絵をよしとして、上手下手で絵を見る傾向がある。子どもの成長に合った見方をするようにしたい。

　次の項からは表現の発達段階について考えてみたい。

3　幼児期から小学生へ

　幼児期の特徴として画面に丸や渦巻き、ジグザグのような形が表れ、これは何かと聞くと、「お母さん」「家」などと自分なりの意味付けをする。また、思いつく形を羅列したり、断片的に描いたりすることが多い。それらは「頭足人間」と言われる人の形や車、家、花など多少具体性を帯びた表現へと変容していく。やがて人形、太陽、花、木、犬などパターン化された表現が見られるようになり、その造形は徐々に複雑化していく。絵の中に初めて基底線と呼ばれる直線や空が表れ、未熟ながらも画面に空間を設定することができるようになる。

　小学校の低学年の絵画では、レントゲン描法や興味のある部分の拡大描写、割合やプロポーションを意識しない表現、複数の視点をもった表現など独特の表現が展開される。「上手に見せよう」「うまく描こう」という意識もないため、自由に伸び伸びと、全身の感覚を使って制作された楽しい作品が多く見られる。

　題材においては、生活科や社会見学などの体験を題材にした作品がよく見られる。また、動植物に対する関心が高く、そうしたものを好んで描きたがる。それらの見つめるまなざしの優しさを感じることのできる表現には、ほっとさせられる。低学年児童の視点は、大人に比べてずっと自然に近いところにある。

　しかしながら、しっかりと観察して感じた形にこだわりをもって表現する児童がいる一方で、最近の作品には、そのものの特質が象徴化されたような描き方や、漫画などのキャラクターの影響を多分に受けたような作品が目立つようになった。

　もう一つの大きな特徴は、生活体験の充実や自分を取り巻く環境との関わりが絵の発達や内容との関連が深いということである。逆説的に言うならば、よい作品を描かせるには、楽しく豊かな感動体験の場を設定し、そのことについて描かせればよい。

　その際、ただ描かせるだけでなく、表現された形や色に自分なりの価値づけをさせ、制作を通して子どもの認識を定着させ

たり、想像の楽しさを実感させたりする働きかけが不可欠である。そのような行為を通して、自分と身の回りの環境との関わり合いを密接にし、生活を豊かにしていくのである。

4 小学生から中学生へ

　中学生に近づくにつれ、次第にいろいろな人との関わりの場が広がり、関わり方も深まってくる。こうした中で、周囲の中の自分がとらえられるようになり、関わる対象も身近なものからだんだんと地域社会へと広がりを見せていく。社会科の学習をもとにした地域マップ的な作品、郷土色豊かな作品も見られるようになる。
　この時期は、感じたままを描くことから、より自分の思いに合うように、立ち止まりながら画面を構成しようとしたりする。形をとらえたり、ものをより忠実に再現しようとしたりする思いも働き、複雑な機械や建物の形などを自分なりの方法で一生懸命に描写しようとした作品も見られる。しかしながら、忠実に再現しようとしても、なかなか表現力が伴わなかったり、自分の作品を他の児童と比較して自信をなくしたりする児童も少なくない。この時期には、一人ひとりの表現の特性を見つけ、自信をもたせることが特に大切である。
　小学校高学年から中学校にかけて子ども達は肉体的にも精神的にも大変大きな変化の時期を迎える。高等学校では選択制となるので、皆が一斉に美術を学習するのは中学校が最後である。生涯学習の視点からも、中学校の時期が美術に対する関心や理解をもたせ、自分の力でさらに伸ばしていく方法や技能を学習する大切な時期だと言える。ここでは、子ども達の発達の過程について具体的に考えてみたい。

(1) 写実的表現の芽生え

　美術展を見ていると小学校3・4年生が一番おもしろく、造形表現の黄金期だと思うことさえある。どの作品にも好奇心の強さや活気、自己主張の強さ、自分の仲間や取り巻く環境への主体的な関わりなどが感じられるからである。
　この時期は、基底線上に並べて表現する図式的な表現から、重なりや立体的な表現を工夫し、写実的な表現に変わる過渡期にあたる。自分の興味のあるものを誇張し、ダイナミックに表現するなど自分の思いのままに描く表現の傾向を残しつつも、客観的なものの見方や表現が感じられる。画面の中に矛盾はあるものの、平面的・羅列的な表現から奥行きや遠近感を出そうとした空間的な表現への試みも見取ることができる。この時期の子どもは、ちょっと対象を見ただけであとは頭の中にある自分のイメージで描くことが多い。それが、自分の興味のあるものには鋭い観察力を示すよう

になり、じっくりと対象を見て描くようになる。しかし、全体的に見ることができないため、部分的には非常に詳しくていねいに描けているが、全体的には構図のバランスが狂い、プロポーションに矛盾がある絵を描く場合もある。

　個人差はあるが3・4年生になると部分知覚と全体知覚の統合が進み、より客観的・写実的な観察ができ、表現する力もついてくる。奥行きの表現や立体感の表し方にかなりの工夫が見られるようになる。自分の周囲と積極的に関わり、興味をもって働きかけるという行為が作品の内容に深みを与え、生き生きとした表現へとつながっていく。例えば、一人ひとり体の向きや動きを変えたり、身の回りの道具やものを詳しく描いたりする表現などである。また、少しずつ制作の見通しをもって取り組めるようになってくる時期でもある。

(2)客観的表現の定着

　小学校5・6年生になると、身体の機能が高まり、かなり複雑な活動でも集中して取り組めるようになる。自分を客観的に見つめようとし、「見たこと」「思ったこと」を忠実に再現する表現から、自分と周囲や、周囲の中の自分をとらえようとする。対象も、地域社会からさらに世界的な視野へと広がっていき、「総合的な学習の時間」との関連で、福祉や国際理解に関する内容を扱った題材、またパソコンによる技法を駆使した作品も多く見られるようになる。いろいろな思いを画面の中に再構成してみたり、それまでに培った様々な技法や蓄積した様々なイメージを駆使したりして、より自分の思いに合った表現を試み、構想画を好んで描くようになるのもこの時期の特徴である。

　手先の巧緻性など身体面でなく、認知力や観察力、抽象的な思考力や筋道を立てた思考力など知的な面での発達も進む。10歳頃まで自分の想像の世界や生活体験を自由奔放に描いていた子ども達は、徐々に「見えた通りに描きたい」という気持ちが芽生え、現実の理にかなった描き方へ移行していく。いわゆる写実へあこがれる時期である。例えば生活画では、遠近感や一人ひとりの動きの違いなどを大変よく表現している。

　同時に、批判する力や分析する力も身に付き、自分の作品を他者のものと比べたり、よさや未熟さに気づき始めたりする頃でもある。形を正確にとらえ、遠近感、立体感を表したいという思いとは逆に、その表現技能を上達させるのはなかなか困難なことである。うまく描けない、つくれないことにいらだち、意欲減退へとつながり興味を失っていくケースも見られる。この変化は、子ども達が現実世界をはっきりと認識するよう成長を遂げているということであり、自分の描いた世界と現実の世界を比較して見ることができるということであ

る。指導者は、ものの見方、とらえ方、観察の仕方を段階的に教えていく必要がある。例えば、同じものでも遠くにあれば小さく見えること（遠近感）、顔は縦横どちらが長く、長方形に当てはめればどのぐらいか（割合）、目は顔のどの辺にあるのか（位置関係）、ものの重なりや前後関係など当たり前のようなことでも、具体例を出して一つずつ認識させ、描き方に応用させることで格段の進歩が期待できる。

中学生になると、思春期と呼ばれる時期となり、小学生と比べると発達のスピードや変化は目覚ましい。表現の面では写実的な表現の傾向が強くなり、重なりや立体感、遠近などの空間的な画面構成が意図してできるようになる。質感や量感などといった概念も理解できるようになる。また、客観的な思考で対象を分析したり、計画性をもって制作活動に取り組んだりすることができるようになる。

題材としてよく校舎や学校周辺の風景を描くことがあるが、じっくりと観察できる風景画や静物画では、素晴らしい集中力をもって表された作品が増えてくる。小学生のようにちらっと見て後は観念で描くといった態度ではなく、視点を一定の位置に固定し矛盾のない画面をつくろうとする意識も強くなる。描く対象が人物となると、外観の写実性以上により内面的な要素へと向かう傾向が強くなる。

5　中学生から高校生へ

中学校2年生頃から高等学校にかけては、精神的な成長が著しく、心身ともに大人への階段を駆け登る。思春期と言われる時期でもあり、異性に対するあこがれやコンプレックス、友人や親に対する人間関係の再構築の過程での反抗的な言動など、大きな葛藤の時期を迎えることとなる。人生とは何か、真実とは何か、自分とは何かなどを問い求め考えながら、自己の世界観や人生観を形成したりしながら、自立への意欲と希望をもつ時期でもある。

このような時期に美術や文学・音楽などの芸術作品と出会うことで、より深く豊かに鑑賞することができるようになる。小学校高学年や中学校でも十分に美術作品を鑑賞する心をもっているが、本来の芸術に目覚めるのは、やはり高校生時代であると思われる。

その一方で、制作に対して拒否反応を示したり、無気力な状態で作業的に描いたりすることもある。「自分は絵がヘタ」「絵を描いても仕方がない」「絵を人に見られたくない」などその理由は様々であろう。

美術には、制作者としてだけでなく、鑑賞者や理解者としての関わり方があることにも気づかせたい。これは、日常生活の中で気軽に取り組める作品づくりやちょっとしたアイデアを生かす活動など、授業を構

想する際に必要な視点となるだろう。

6 変化の時期を生かした支援を

　右の図は食卓を囲む家族と水の入ったコップを描いた際のそれぞれの年代の特徴的な表現を簡略化して示したものである。

　ここで特に注目したいのが、小学校中学年から高学年の間に見られるような、矛盾はあるが立体的に表現しようとする表現から、一定の視点から透視図法を利用した立体表現へと変化していく時期である。

　二次元の画面に自分の見た三次元の世界を表現する際の葛藤をどのように乗り越えるかが、その後の作品制作に大きな影響を与えている。「自分は絵がヘタ」「絵を描いても仕方がない」という発言の出発点もこのあたりにあるように思える。

　子ども達の自由な発想や感性を大切にしながらも、作品の中に表れたゆがみや矛盾を解決し追求しようとする姿勢を育てることが不可欠であるが、最近はそのような支援を「教え込み」や「画一的な描法指導」として実践しない傾向にあるように思われる。「見えたように描きたい」という子ども達の素朴な思いに答えるためにも、自分の力だけでは得ることが難しい一定の視点からの描写や、透視図法や絵の具の使い方などの技法的な支援はしていきたいものである。

　「よく見て描こう」とは図工や美術の時間によく言われる言葉だが、「何を」「どんなところに気をつけて」「どのような心構えで」という具体的な手だてについてもしっかりと押さえておく必要がある。

　以上、現場の指導者の立場からの見解を述べてきた。次に、代表的な描画の発達の理論を紹介したい。

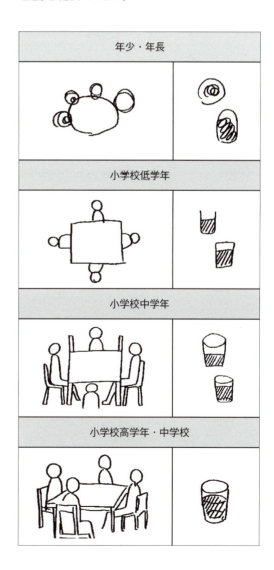

描画における発達段階

　子どもの描画における発達の研究は表に示されているように世界各国で多く行われてきた。彼らは子どもの絵を収集し、数量的に分析したり、縦断的な観察における変化をもとに、子どもの描画の発達段階を設定した。（表における年齢の分類はあくまで各期の間に過渡期が存在し、個人によっても若干の差が生じる。）

　しかしながら、全体として子どもの描画は生理的なもの、あるいは遊びとしてのものから始まり、やがて心身の発達に伴って精神的・社会的芸術性を求めるようになると言える。

　彼らの中には描画に限らず、造形的な活動として彫塑的な表現の発達についても研究した者もいた。しかし、描画も彫塑的表現も表現素材の違いはあるものの、そこに存在する子どもの姿は変わるはずがなく、描画と彫塑的表現の発達の分類は基本的には類似したものとなった。

　さらには、これらの他に日本では最近、遠藤友麗が心理学者エリクソン（E.H.Erikson）の発達心理学を基盤として、現在の日本の子どもの成長発達の実態に即した検討を行っている。遠藤の示した「美術から見た人間の発達」は、問題を抱える思春期以降の美術教育に対して参考となるであろう。

表　絵画表現発達段階研究区分表

	1	2	3	4	5	6	7	8	9	10	11	12	13	14	15	16	17	18
ケルシェンシュタイナー	錯画時代					図式時代				形式の抽象描画時代 現実平面時代				形象立体化時代					
リュケ	偶然的なレアリズム				知的レアリズム								視覚的レアリズム					
ブリッチェ	乱画 （なぐりがき）			図式化（象徴主義）					中間期（過渡期）			外見写実主義				写実主義（思春期）			
S.バード	落書き（3歳絶頂）線の時期 （4歳）				叙述的象徴 の時期		叙述的写実 の時期		視覚的写実 の時期		抑圧の時期			芸術的復活劇（初青年期）				
ローエンフェルド		錯画期 （象徴期）			前図式期			図式期			初期写実の時期		疑似写実の時期		決定の時期（思春期の危機）				
ハーバード・リード		なぐりがき の時代		線描時代	叙述的象徴 の時期		叙述的写実 の時期		視覚的写実 の時期		抑圧の時期				芸術的復活の時期				

●ローエンフェルドによる分類

　この中でも代表的なローエンフェルド（V.Lowenfeld）の研究に基づいて子どもの描画を分類すると次のようになる。

1　錯画期（2～4歳）

　スクリブル、なぐりがき期とも呼ばれる。幼児の手が這うことから開放されることによって手のストロークによる最初の表現が始まる。これは意図的な表現ではなく手や腕の筋肉運動の結果ではあるが、幼児はこの軌跡に興味と、運動の心地よさを感じる。幼児のスクリブルは点から線、そして円へと変化し、それは上肢の運動をコントロールできるようになる過程でもある。子どもの描画の研究者であるケロッグ（R.Kellogg）は子どものスクリブルの発達を20の基本的スクリブルに分類した。

2　象徴期（3～4歳）

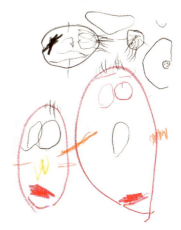

　意味づけ期とも言うこの時期は、スクリブルによる線の軌跡からイメージが浮かび、それに意味づけを行っていく。目の前に無いものをイメージとして思い浮かべることができるようになった結果として、点、線、円にそのイメージを象徴させるようになる。

3　前図式期（4～7歳）

　円を用いた組み立てが中心となる。円か

ら放射状に広がる線との組み合わせは太陽図形と呼ばれ、ケロッグはこれをマンダラと呼んだ。これには太陽、花、顔などがあり、この組み合わせに頭足人がある。さらに画面の中にイメージを交互に関係なくばらばらに配置していくためカタログ期とも呼ばれる。

4　図式期（7〜9歳）

「カマキリの家族と一緒にみんなで遊んだよ」（基底線）

「それいけどうくつたんけんたい
えんそくでいったどうくつたんけんが
たのしかったよ」（レントゲン描法）

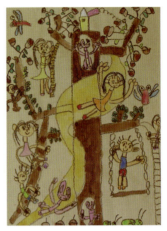

「みんな私のどんぐりの木に遊びにおいで　すべり台楽しいよ」（展開図描法）

これまでは心に浮かんだイメージを羅列するだけだったが、この時期になると一枚の絵としてのつながりが出てくる。画面に対する自分の位置が確認されるとともにその中に空間意識が生まれてくる。それによって画面に基底線が表れるようになる。さらには、絵が図記号化されるようになり、パターン化された形の繰り返しになりがちである。

5　初期写実の時期（9〜11歳）

一般にギャングエイジと呼ばれる時期で、心身の成長に伴って客観的な思考が育成されてくる。様式化された表現から写実的な表現を好むようになり始める時期で、空間による重なりや大小関係に配慮するようになるがまだ十分ではない。また、表現の性差が顕著となるのもこの時期である。

6 疑似写実の時期（11 〜 13歳）

　知的能力の発達に伴い観察力、判断力が増すことにより合理的、客観的な表現をしようとする時期と言える。それは正確な再現的表現を行おうとする傾向が見られる反面、絵の中に自由で素朴な表現が見られなくなる傾向がある。

7 決定の時期（13 〜 17歳）

　社会的関係に対しても意識するようになり、芸術的関心も高まる時期である。しかし、すでに子どもらしい無意識的な表現方法をしなくなったにもかかわらず、意識的に創作していこうとする時に必要なテクニックの未熟さという二つの間において悩むことが多い。

幼稚園児・保育園児の絵 ●
小学生の絵 ●
中学生の絵 ●
高校生の絵 ●

作品と解説

ここでは、山口県内の様々な学校や園で制作された作品から、校種別に子どもの作例を紹介し、表現のポイントと指導のこつを示しています。

●「しゃぼん玉いっぱい飛んでいったよ！！」（年少）

　愛らしい人物と動きのあるしゃぼん玉から、しゃぼん玉が飛んでいったうれしさや楽しさが伝わってくる作品である。頭足人の段階であるが、描けるようになった線や丸を使って楽しさを十分に表現している。

表現のポイント

- ●ストローからしゃぼん玉がたくさんでてきた様子を、画面の左から右へ流れをもたせて単色のパスで一気に描いている。
- ●一つずつ異なる色で塗られたしゃぼん玉が、いろいろな色に見えるしゃぼん玉の様子を表しているようで効果的である。
- ●薄い黄系の画用紙と淡い絵の具の色が優しい雰囲気を出している。

●「♪マル・マル・モリ・モリ」（年少）

　にこやかな表情で腕をいっぱいにあげて踊っている様子が描かれ、音楽に合わせて踊って楽しかった様子が伝わってくる。「マル・マル・モリ・モリ」と一緒になって歌いたくなるような作品である。

表現のポイント

- ●パスの線が伸びやかで、大きく上げた腕が強調されて効果的である。
- ●人物の表情が明るく豊かで、楽しそうな様子が表れている。
- ●いろいろな明るい色の絵の具を使って旗を塗っており、楽しい運動会の楽しい雰囲気が伝わってくる。

発達段階から見たアドバイス

　子どもにとって絵は気持ちや思いを託して語る表現の一つです。思いが形になり始めた年少の時期は、描く喜びが十分味わえるように、扱いやすくて太い線が描けるパスを中心に使いましょう。用紙も、いきなり大きな画用紙を与えるのではなく、子どもの実態に応じて八つ切りの画用紙など小さめの紙から描いていきましょう。

　また、色画用紙を使うことも効果的です。描きたいものの雰囲気に合った色画用紙を選ぶことで、子どもの表現がより引き立ち、描いた喜びも増すことでしょう。

幼稚園児・保育園児の絵

●「発表会でね、お友だちとバナナのダンス踊ったのよ」（年少）

自分と友達が八つ切りの画用紙いっぱいに描かれている。お揃いの緑の髪飾りや黄色の衣装も描かれ、友達と一緒に踊って楽しかった思いが伝わってくる。

表現のポイント

- 線が力強く勢いがあり、中央の自分を大きく勢いよく描くことで、画面全体から友達と一緒に踊った楽しい思いが感じられる。
- 自分や友達のにこやかな表情からも楽しい様子が伝わってくる。
- 八つ切りの画用紙を使うことで、抵抗なく画面全体を使って大きく描くことができている。

●「お母さんの誕生日会をしたよ。大好きなふみおじいちゃんがトランペットをふいてお祝いしたよ」（年少）

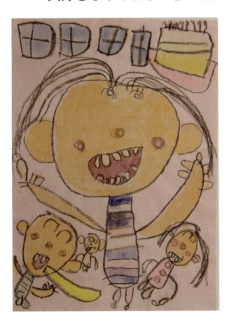

人物一人ひとりが表情豊かに表現されており、誕生日会が楽しかった様子が伝わってくる。トランペットを吹いてくれたおじいちゃんの姿やトランペットの音色、周りで聞いている家族の笑顔、ケーキも食べたことなどが楽しかった思い出として一緒になって心に残っているのが伝わる作品である。

表現のポイント

- 伸びやかなパスの線で画面いっぱいに描かれていて、楽しい様子が感じられる。
- 洋服の模様や髪の毛などそれぞれに違っており、一人ひとりの楽しそうな表情が豊かに描かれている。
- ピンクの色画用紙と薄く塗っている絵の具の色合いがよく、楽しそうで優しい雰囲気になっている。

● 「みんなで栗拾いに行ったよ。トゲトゲが痛かったけど頑張ったよ」（年少）

　一つひとつの栗にたくさんのトゲがしっかりと描かれており、痛かった思いがよく表れている。人物みんなが栗を持っており、「頑張って拾った」という気持ちが伝わってくる作品である。

表現のポイント
- それぞれの人物がいろいろな向きで栗を持っていたり、イガの中の様子を描いたりして豊かに表現されている。栗の木の表現もおもしろい。
- コンテの角を使ってトゲの細かな線がたくさん描かれ、栗の痛々しい感じが表れている。
- コンテの茶と、画用紙の薄い黄色が栗の雰囲気を感じさせ、ぼかしたコンテの柔らかな色合いが絵の雰囲気を優しくし、温かみが感じられる。

● 「お店屋さんごっこをしたよ。お客さんがたくさん来てくれてうれしかったよ」（年少）

　いろいろなお店や人物や商品などが細やかに描かれており、色もていねいに塗られている。人物の表情からもお店屋さんが楽しかったことが伝わってくる。「ここではこんなお店があってね」などのお話が聞こえそうである。

表現のポイント
- サインペンでお店の人の服や帽子、お客さんの鞄や持ち物などまで細やかに表現している。
- 人物が生き生きとした表情で描かれており、楽しい様子が伺える。
- いろいろな色のコンテを使って細かなところまで塗り分けることで明るく楽しい作品になり、お店屋さんの楽しい雰囲気が伝わってくる。

発達段階から見たアドバイス

　子ども達は遊びや生活の中でいろいろなものに出会い感動して心を動かされています。視覚的なものだけでなく、感触や匂い、温もり、音色、楽しい雰囲気など体全体で感じたことが心に残っていて、それが伝えたいという気持ちにつながっていきます。豊かな表現を育てるには、まずは豊かな体験をし、豊かな心を育てることが大切です。そこでの思いを受け止め、聞いてあげる時間を大切にしていくことで、思いを表すことが楽しいという気持ちへとつながっていきます。

●「キリンさんって　くびがながーいよね！！」（年少）

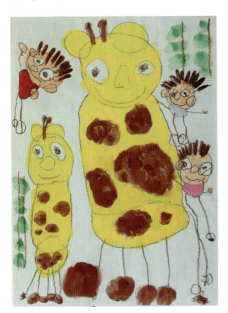

　長く太くキリンのくびが描かれており、印象的な作品である。キリンや周りの子ども達の表情からキリンへの親しみやあこがれが素直に感じられる。

> **表現のポイント**
> ● ダイナミックに大きくキリンが描かれており、太く長く描かれた首に迫力がある。
> ● キリンの表情がかわいらしく、角や体の模様、足やしっぽなど、自分なりにとらえたキリンが伸びやかに描かれている。
> ● 画面の多くを占めているキリンの体の鮮やかな黄色と茶色の模様とが引き立ち、インパクトがある。

●「ちーちゃんね、大きくなったらお花とハートがいっぱいのお家に住みたいの」（年少）

　3階建ての家に、寝室や浴室、台所などが配置され、それぞれの部屋の中の楽しい様子が描かれている。部屋のイメージがしっかりと表現されていて、「こんなお家に住みたい」という気持ちが伝わってくる楽しい作品である。

> **表現のポイント**
> ● 絵の具を使って輪郭を表すことで、階段やそれぞれの部屋が強調され、サインペンで描いた部屋の中の様子との対比が効果的である。
> ● それぞれの部屋の特徴や様子が詳しく表現され、楽しい様子が伝わってくる。
> ● いろいろな色のサインペンを使っているので、線描きだけでも十分に楽しさが伝わってくる。

> **発達段階から見たアドバイス**
> 　4歳児になると、生活の中で体験したことや感じたことを具体的に表そうとするようになってきます。自分なりに感じた思いやとらえた特徴を伸び伸びと表せるように、パスやコンテなどを使って線描きを中心にしていくとよいでしょう。少しずつ細かな部分も表現しようとするようになるので、題材によってはサインペンを使って、表したい部分が表せるように援助していきましょう。

● 「ペンギンさんとおよぐのきょうそう！ ぼく１ばんっ！！！」（年少）

　画用紙全体を水中に見立て、画面いっぱいに楽しそうに泳いでいる自分とペンギンと魚を描いている。
　目の表情がかわいらしく、全体から楽しい雰囲気が感じられる作品である。

表現のポイント
- 同じ方向を向いて描くことで動きが感じられ、競争している感じが伝わってくる。
- 淡い色の画用紙にペンギンの黒色が引き立っている。
- 小さな魚には、いろいろな明るい色がきれいに塗られており、ペンギンの黒色との対比が美しい。

● 「トラさんとみんなでよーい！どん！するんよ」（年少）

　パスを使って中央に大きく力強くトラを描き、その周りに自分や友達を伸び伸びと描いている。トラや人物の表情や動きから、トラとの楽しそうな雰囲気が伝わってくる。

表現のポイント
- 画面いっぱいに大きくトラを描くことで、トラに対する思いが強調されている。絵の具で縞模様を描いたことで生き生きした力強いトラに仕上がっている。
- 線に勢いがあり素直な気持ちが感じられる。特に手や足の線が伸びやかで、今にも駆け出しそうである。
- 黄色系の色画用紙に、同系色の色を使って描いたことで、統一感のある作品となっている。

発達段階から見たアドバイス

　想像画においても、生活画や経験画と同様子どもの思いや話をしっかり聞き、受けとめることを大切にしましょう。思い描いたイメージをしっかりと表現するには、パスやサインペンでの線描きを中心とするとよいでしょう。イメージを強調する形で絵の具を使うと、効果的で作品が生き生きとしてきます。絵の具は補助的に使うようにし、高度な塗り分けや混色は避けましょう。

●「11ぴきのねこ―大きな魚をつかまえてねこさんよろこんでるよ。子守り歌を聞いて寝ているねこもいるよ」(年少)

お話の絵である。大きな魚を中央に描き、それを囲むように喜んだり眠ったりしているねこを表情豊かに表している。
　一人ひとりの友達がユニークに表現されていて、かわいらしい雰囲気を醸し出している。

表現のポイント
- 中央に描かれた大きな魚の色や形と表情が印象的で、引き立っている。
- それぞれのねこが、いろいろな表情や向きで描かれており、楽しそうである。
- クリーム系の画用紙に茶系のパスを使って描くことで、全体的にやさしく、温かい雰囲気を醸し出している。

●「お話"おむすびころりん"―ねずみさんとダンスたのしいな」(年少)

おじいさんがおむすびを落とす様子や穴の中での楽しそうな様子が生き生きと描かれている。どの表情も楽しそうで、今にも穴の中から声が聞こえてきそうな温もりのある作品である。

表現のポイント
- おむすびを落とすおじいさんと穴の中でネズミと楽しく過ごすおじいさんが一連の流れとして描かれているところがおもしろい。
- 断面的にとらえて表現した穴の形が効果的で、穴の中の様子も楽しそうである。
- コンテを使って表すことで、土らしい感じがより出ている。また、明るい色の画用紙を使うことで、地上と地下、穴とその周りの土の対比がはっきりしていて美しい。

発達段階から見たアドバイス
　何度も読み親しんだ大好きなお話があれば、それを題材にして、自分のイメージを絵に表してみることも経験してみるとよいでしょう。お話の挿絵の印象が強く残ることもあるので、そこにとらわれないよう、どんな場面をどう描きたいのか、しっかり引き出してあげることが大切です。日頃からお話にしっかり親しんで、イメージを豊かにする生活を送りましょう。

● 「アシカかわいかったよ　―アシカのわっかとおしがすごかったよ！
　アシカのおねえさんもすごかったよ!!」（年長）

友達や先生と一緒に見たアシカショーで、アシカの動きや、それを合図するおねえさんの動きにびっくりし、感動した様子がよく伝わってくる伸びやかな作品である。

表現のポイント
- パスで勢いよくしっかり線を描いており、色もていねいに塗っている。
- この時期独特の展開図表現方法で描いている。
- 見せている様子と見ている様子が、表情豊かに画面いっぱい、ていねいに表現してある。

● 「動物園　楽しかったよ。　ぞうさん　かわいかったね。」（年長）

ぞうを絵の中心に配置し、大きく描かれていることからぞうに対する思いがよく伝わる。また、いろいろな動物がたくさんいて、動物園が楽しかったことがよく分かる作品である。

表現のポイント
- 大好きなぞうさんを中心に描き、たくさんの動物がいる動物園で楽しかったという思いがぎっしり詰まっている。
- 自分や友達、動物を黒のサインペンを使って一つずつていねいに描いている。
- 色もパスやコンテ等を使うことでそれぞれの動物の特徴をよくとらえている。

発達段階から見たアドバイス

年長になると、自分で自分の思いを絵に表す力が出てくるようになります。それを大人とは違うところに感動感銘して記憶して描くことができるようになります。そして、一番描きたいことを大きくデフォルメしてより自分の思いを描くことができるようになる年齢でもあるので、しっかり子どもの思いに耳を傾け、表現できるようにしてあげましょう。

幼稚園児・保育園児の絵

●「みんなでフラをおどっているよ　きれいに撮ってね」（年長）

　フラをしている人の表情がどれも楽しそうで、フラを踊っている様子がよく伝わってくる。また、ビデオや写真を撮っている観客席から「がんばってね！」と応援している声がたくさん聞こえそうな作品である。

表現のポイント
- フラを踊っている一人ずつの表現を顔の表情やスカートのゆれまでもサインペンでていねいに線書きをしている。
- 色画用紙の色に対して、スカートの黄緑色の絵の具が、フラをしている絵全体を引き立てている。
- 観客席でフラダンスをしている子ども達を撮影している人達の様子も、細かいところまで描いている。

●「いえをつくるの、がんばるぞ！ちからをあわせて エイエイオー！」（年長）

　鳥がとまっている電線よりも高く伸びるアームが描かれており、クレーン車が大きかったことへの感動や、作業をする人達の表情からその時の意気込みが伝わってくるような作品である。車体下から伸びるアウトリガまで描かれており、クレーン車に興味をもち、よく観察している。

表現のポイント
- クレーン車のアームが伸縮する際の節が上に伸びるにつれて細くなっている様子が描かれており、高くて長いアームなどの特徴を表現している。
- パスを使用し、力強く表現している。
- 空と地面を描くことで、場面の広がりをつくり出している。

● 「年長さんみんなで美祢線に乗ったよ。すごく楽しかったな。」（年長）

電車に乗っている子ども達が両手を挙げており、「大好きな電車に乗れて嬉しかったよ！」という思いが伝わってくる楽しい作品である。

表現のポイント
- 線路を折り返しながら描くことで長門までの長い道のりが表現されている。
- 細かく描写されている中に、絵の具を使い車体の色を塗ることで、インパクトのある作品になっている。
- サインペンを使用することで、乗車している人物を細かく描き、たくさんの車輪も外枠から内側まで一つずつていねいに描いている。

● 「土の中の小人さん」（年長）

土の中に住んでいる可愛い小人が、仲間と仲よく楽しく暮らしている様子が、思いのまま伸び伸びと表現されている作品である。小人の表情から、室内の様子まで細かくていねいに表現されている。

表現のポイント
- サインペンを使用し、一つひとつのドングリや部屋の様子、小人の表情や動きなど細かいところまでていねいに描き込んでいる。
- 小人が部屋ごとに異なった行動をしており、また髪型や表情がそれぞれ違うことで、個性が表現されている。
- 単色のサインペンで線描きをし、いろいろな色で細かく色付けすることで、明るく楽しい雰囲気が出ている。

発達段階から見たアドバイス

普段の生活の中で子ども達は、人やものに興味をもち自ら関わることで様々な経験をしています。大人からきっかけを与えられ学ぶことや、自分で気づき学ぶことで知識を深めていきます。特に乗り物に関しては、興味をもちやすい題材で、細かい所までよく観察しており、大人より知っていることが多くあり驚かされます。日常の些細な場面にも、子ども達が興味をもち、目を輝かすことのできるようなきっかけづくりを心掛けていきましょう。

●「かまきりのかぞくといっしょにみんなであそんだよ」(年長)

カマキリのことが大好きで一緒に遊んでみたいという思いが伝わってくるほのぼのとする作品である。かまを振り上げている姿が「カマキリって強いんだよ！」という力強さを表現している。

表現のポイント

- カマキリを絵の具で表現することで、描きたい対象を力強く伸び伸びと表現している。
- 色鉛筆を使用し、周りに咲いている花の花びらや葉っぱが一枚ずつ細かく描かれ、人物の表情も豊かに表現されている。
- 絵の具と色鉛筆を使い分けることで、カマキリの力強さと細やかな描写の対比が効果的である。

●「みんな 私のどんぐりの木に遊びにおいで。すべり台楽しいよ。」(年長)

ドングリの木を自分のお気に入りの遊び場としてとらえ、すべり台やブランコなど好きな遊具を描くことで、とても楽しそうな空間が表現できている。「友達と一緒に遊ぶと楽しいよ！」という思いが伝わってくる作品である。

表現のポイント

- ドングリの木を画面いっぱいに描くことで大きさを表現し、幹や枝に遊具をバランスよく配置することで、楽しい遊び場となっている様子を表現している。
- 木の幹とすべり台を絵の具で塗り分けることで、黄色いすべり台が強調され、人物のすべっている様子がはっきりと表現できている。
- それぞれの遊具で遊んでいる子ども達の動きと表情が豊かに表現されている。

発達段階から見たアドバイス

年長になると、自分で自分の思いを絵に表す力が出てくるようになります。それを大人とは違うところに感動感銘して記憶して描くことができるようになります。そして、一番描きたいことを大きくデフォルメしてより自分の思いを描くことができるようになる年齢でもあるので、しっかり子どもの思いに耳を傾け、表現できるようにしてあげましょう。

● 「おとうさんがいっぱい魚をとってきたよ　たいりょうだよ」（小学1年）

　漁から戻ってきたお父さんの漁船やその周りの漁港の様子が描かれている。両手に魚を持ち、誇らしげに見えるお父さんやいろいろな種類の魚、その周りの氷、漁船、トラックなどがていねいに描かれ、大漁で賑やかな様子が感じ取れる。

表現のポイント

- サインペンで描いた輪郭をクレヨンで一つひとつていねいに着色している。また、広い部分は、薄い色の水彩絵の具で着色することで、描きたいことがはっきりとしている。
- 中心にある基底線で海と陸が分けられている。陸は横から見た人やトラックと上から見た魚が描かれているが、素直に表した低学年の特徴と言える。海では、小さく船を描き、海の広さを表している。
- 人物を関節で分けて描くことで、腕や足の動きを表現している。

● 「きりんの親子がお昼ごはんを食べていたよ。たくさん食べてね。」（小学1年）

　キリンの大きさや首の長さ、模様などの特徴がしっかりとした線で描かれている。キリンの穏やかな表情や周りを取り囲むようにしてキリンを見つめる子どもの姿から、わくわくしてキリンを見ている気持ちが伝わってくる。

表現のポイント

- グレーのクレヨンで線を描いていることで、全体に柔らかさが出ている。
- 周りを取り囲む子ども達を向きや表情を変えながら、全体に描くことで、みんなで見たうれしさや楽しさが伝わってくる。上部の子どもが逆さに描かれているのは、この頃の児童に見られる展開図描法である。
- 中央の空間はたんぽを使って着色することで、草の様子や柔らかさが表現されている。

小学生の絵

● 「それゆけどうくつたんけんたい
　　えんそくでいったどうくつたんけんがたのしかったよ」（小学1年）

ライトの付いたヘルメットをかぶり、洞窟の中を歩いている様子である一人ひとりの顔の向きや表情、動きが豊かに描かれ、楽しい様子が伝わってくる。一枚の絵の中に、洞窟の中だけでなく、バスに乗っている様子や展望台に上っている様子、お弁当を広げている様子も描かれていて、たくさんのお話が感じ取れる。

表現のポイント
- 2本の基底線で、洞窟の中と外の様子が同時に描かれている。レントゲン描法もこの時期の児童に見られる特徴である。
- 洞窟の中の暗さを水彩絵の具の濃い青で表している。クレヨンで描いている部分がはじかれ、ライトや岩の表現がおもしろい。
- 場面が斜めに分けられ、明るい上部と暗い下部のコントラストがよく、バランスがとれている。

● 「たのしい秋みつけ」（小学1年）

友達と一緒に秋を見つけに出かけ、楽しそうに袋にドングリや落ち葉を集めている様子が伝わってくる。特徴的な秋の葉や木の実をたくさんていねいに描き、大きさも変えて画面いっぱいに描くことで、秋見つけの楽しい雰囲気が感じ取れる。

表現のポイント
- 黄色い色画用紙と赤系統で着色することで、全体にまとまりが出ている。たんぽを使った表現も秋の雰囲気にあっている。
- 中央の3人が顔を寄せ合い、視線を合わせているように見え、楽しい雰囲気が表現されている。
- 紅葉の葉が葉脈や周りの縁まで描かれ、こだわりが感じられる。

●「遠足で火の山に登ったよ　お弁当を食べて楽しかったよ」（小学1年）

　遠足で友達と山に登った様子が素直に描かれている。実際の大きさや状況とは異なるだろうが、一人ひとりが山の頂上に立っている表現から、山頂に登ったうれしさが伝わってくる。また、バスに乗り、くねくねと山道を走ったことが、下側の道路の様子から分かる。

表現のポイント

- 水彩絵の具の濃淡で空や山、地面の様子をうまく表している。
- サインペンで迷いのないしっかりとした線が描かれ、はみ出ないようにていねいにクレヨンで着色してある。
- 人物の周りは、白いまま残していることで、はっきりと表すことができている。

●「あきのしゃかい見学　きんたいきょうは大きいね」（小学1年）

　秋の社会見学で錦帯橋へ行った様子が描かれている。錦帯橋のアーチ形が伸び伸びと表現され、橋の上で歩く子ども達の表情は、どの子も笑顔で楽しそうである。橋の下から上を見上げる人の顔や手の動きから、錦帯橋の大きさが感じられる。橋の奥に見える木が紅葉し、落ち葉も見えることから、秋という季節感も感じられる作品である。

表現のポイント

- 錦帯橋の木の部分と土台の石の部分をパスで力強く彩色している。橋を渡る子ども達は、サインペンで一人ひとりの表情を変えながら描いている。顔や服の色は、線を消さないように、ていねいに着色しているので、人物の表情がはっきりと分かり、この絵全体を明るく楽しい雰囲気にしている。
- 黄色い帽子の連なりは、目を引く。また、背景の水彩による黄と水色の着色は、水で薄めているので、絵全体が暗くならず、程よい。

小学生の絵

● 「いもばたけのつるはめいろみたい　大きなおいもたくさんとれたよ」（小学1年）

　さつまいもの収穫を楽しむ様子が描かれている。つるが迷路のように絡まったところや、さつまいもが連なるように付いているところなどは、体験があってこそ表現できるものである。つるやさつまいもを持つ手や目の動きも一人ひとり様々で、どの部分を見ても、夢中に掘り出す楽しい時間が再現されている。

表現のポイント

- さつまいものつるや葉をサインペンで表すことにより、複雑な線が伸び伸びと描けている。
- 畑の畝二つ分を画面に描くことで、人物の大きさが程よく、画面全体のおさまりもよい。
- 明るい色使いが特徴的である。葉の中には、黄色に着色したものが交じっているため、さつまいもの紫色が補色となって引き立っている。子ども達の服の色も鮮やかである。

● 「いわくにじょうがかっこよかったよ」（小学1年）

　社会見学で岩国城に行った様子が描かれている。ほぼ中心に城があることから、作者が描きたかった思いの強さが表れている。しかも、その線は伸びやかで、屋根や石垣をかたどるラインが勢いよく描けている。城と人物の大きさの対比で、いかに城が大きかったかが分かる。また、石垣を根気よく描いたのに対して、城の色（白と黒）がすっきりとしているので、目を引く。

表現のポイント

- 描きたい中心となるものとその他のものとのバランスがよい。城と人物が縦長の画面に長く大きく描けている。周りの木々や友達は城を囲むように散りばめられているが、城を見る横向きの人物の表現から、城が中心であることがよく分かる。
- 両手を広げた表現は、結果的に画面に上向きの流れをつくり、城のそびえる勢いが増している。
- サインペンにより線描きした後、色鉛筆と水彩絵の具で着色している。人物と石垣の石の部分は、色鉛筆を使っているので、サインペンの伸びやかな線を消さずに残せている。

● 「おとうさんにおんぶしてもらってうれしかったよ」（小学1年）

　運動会の心に残った一場面を描いている。題名にあるように、お父さんと参加した競技であることが分かる。お父さんの真剣な表情と次の走者にバトンタッチする手の動きから、競技中の緊張感が伝わる。また、お父さんの右手は作者を落とさないようにしっかりとおんぶしているように描けている。おんぶされる作者は、頼もしいお父さんと競技をしてうれしそうである。

表現のポイント

- 作者の思いがにじみ出てくる作品は、魅力がある。運動会を思い出した時に、強く心に残ったことを作者自身の見方で表現できているところが良い。
- クリーム色の台紙に大玉や体育着の白色が映えている。運動場の土を表現した水彩絵の具の色は、中心人物を邪魔しないように押さえられている。
- カラーフープやお父さんの帽子の色が明るく、アクセントになっている。

● 「かぞくでおんせんきもちいい」（小学1年）

　家族で入った温泉の様子が画面いっぱいに表されている。一番大きく描かれた人物のゆったりとした表情や手を伸ばした体の動きから、温泉の気持ちよさが伝わる。温泉内には様々な種類の風呂があり、それぞれの場所で人物のつぶやきが聞こえてくるような楽しい作品である。

表現のポイント

- 描きたいことをお話するように描くのが、この時期の特徴である。そのことを生かし、作者が家族で過ごした場面を思い出しながら次から次に描ける描画材選びができている。
- 実際に体験したことを描くと、絵に説得力が出る。風呂にかかった階段や寝湯の手すりなど、触ったもの、見たものが絵の中に自然に表現されている。
- 画面全体に見られる青色や白色のスタンピングが効果的である。湯気のようにも泡のようにも見え、題材に合っている。

●「おみこしをかついだよ」（小学2年）

御神輿をみんなで担いだ際の感動体験を表現している。中央に大胆に描かれた御神輿の持ち手の木まで人物の腕がしっかりのばされており、力強さが感じられる。また、多くの人数で御神輿を持ったり、周りで見たり応援したりする人達も表情豊かに描かれており、かけ声が聞こえてきそうである。

表現のポイント

- 御神輿を持つ人物が手前と奥とで腕の向き・顔の向きなど異なって描かれているが、こうした御神輿の持ち方の表し方が、画面に勢いを与えている。また、周りにもいろいろな向きや動作・大きさの人物が描かれているが、結果として画面に活気をもたらしている。
- 御神輿を持つ人物と周りの人物の服の配色などを考えてていねいに着色されており鮮やかである。

●「つりわからのながめはさいこうだよ」（小学2年）

本人であろうと思われる吊り輪にぶら下がっている人物の様子が伸び伸びと描かれている。また、後ろから押す子や見ている子の表情も誠実に描かれており、ながめがよかった感動などを話しながら楽しそうに遊んでいる雰囲気が伝わってくる。

表現のポイント

- ぶら下がっている人物が斜めに描かれており、足の部分なども揺れている感じが表れている。
- ぶら下がっている友達を後ろから押そうとしている様子を表そうとして、地面に立っている人物の腕を自分なりに描いている。道等の地面を描いているが結果として上から俯瞰している位置になっている。
- パス類や絵の具で人物や空などがていねいに着色されており、明るい色使いで仕上げている。

● 「みんなでたのしくどんぐりのケーキづくり」（小学2年）

　ドングリを使った出店と思われる場で、遊びに来た友達にドングリケーキづくりを始め、ドングリゴマ回しなどを一緒に楽しんでいる様子がとても生き生きと描かれている。
　本人と思われる人物が友達と仲よくケーキにドングリを並べている様子は「こうやってするんだよ」といった声が聞こえてきそうでほほえましい。

表現のポイント
- それぞれの場に関わっている人物一人ひとりが顔の向きや腕の動きなどよく考えながらていねいに描かれている。
- 手に持っているものもしっかり描いており、それぞれの場で「こんなことがあったよ」などと伝えたいことが、とてもよく伝わってくる。
- 配色がとても明るく、ドングリや髪の毛などを始め着色も誠実になされていて感心させられる。

● 「みんなで大玉はこんだよ」（小学2年）

　運動会での全校児童による大玉運びの場面で、大玉にしっかり手を添えて友達と大玉を次に回していく様子が楽しそうである。
　並んでいる友達や、ゴール付近の友達、テントで　見ている人達も細かく描かれており、歓声が聞こえてきそうである。

表現のポイント
- 大玉を回し終わった子や回ってきた子、これから回ってくる子の手や表情などがていねいに描かれている。
- 本人と思われる人物が大きく描かれていて、大玉を回す子どもが並んでいる列を大きさを変えて奥までずっと描いている点が印象的で、列の長さや臨場感が伝わってくる。
- 運動場も黄緑等の色で芝生であることを感じさせる。

●「海のたまごから生き物がいっぱい飛び出した」（小学2年）

自分が思い浮かべた「海のたまご」を表し、それをきっかけとして割れたら何が出てくるかを自由に想像して描いている。イルカ等の海の生き物だけでなく、海の世界で泳いだりつりをしたりして遊んでいる自分達の姿も想像を広げて描かれている楽しい作品である。

表現のポイント

- ●「海のたまご」は、パス類で重ねて塗って引っかく技法を用いながら、海の生き物をていねいに描いている。
- ●自分なりにはさみで切って割れた形をつくって貼り、空いたところに飛び出したものをていねいに描いて着色している。
- ●左右の人物やイルカ等が向かい合ったり、仲間を並べて描いたりするなど、自分なりに画面構成を工夫している様子がうかがえる。

●「うわあ、ひこうきだ」（小学2年）

社会見学で空港を訪れた時の思い出を伸び伸びと表している。今まさに動き出そうとしている飛行機を、手すりにつかまり歓声を上げながら見ている自分達や飛行機を見送る空港で働く人や専用の車両など、全てが強い印象となって残ったことが伝わってくる。

表現のポイント

- ●送迎デッキでの視点をそのまま素直に絵に表している。デッキと滑走路の色の対比により、場所の違いが明確になっている。
- ●友達以外にもベビーカーの親子や空港職員などの人物像を大変ていねいに描いていて、飛行機よりも人物が主題となっていることがうかがえる。
- ●絵の具とクレヨン、マーカーという描画材の使い分けも適切である。

● 「けいろう会のげきで、おじいさんやくをがんばったよ」（小学2年）

　敬老会の舞台で演じた思い出を表した作品である。主役の自分を中心に配置し、一緒に演じた仲間と、喜んで見てくれている観衆を楽しく描いている。拍手をするお客やカラフルな舞台照明が楽しい雰囲気を盛り上げる。椅子に座るお年寄りとその後ろで見守る保護者、舞台上の伴奏者など、その場にいた全ての人を過不足なく、ていねいに描いている。

表現のポイント
- 舞台の上と観客席という二つの場面を対比的に組み合わせ、シンプルながら印象的な構成となっている。
- ホリゾント、舞台、客席と配色を分けることで、それぞれの場がはっきりと表現されている。さらに敬老席の濃い色が、ほかの観客との違いを際立たせている。
- 背景の日の丸は、見たことをそのまま表したいという作者のまじめさが感じられ、ほほえましい。

● 「装港太鼓の練習を見に行ったよ　来年はぼくも装港太鼓をたたくことができるよ。」（小学2年）

　先輩の迫力ある演奏をダイナミックに描いている。印象に残った動きや大きな太鼓を、まずは一気に描いたのだろう。その後、周りの演奏者や見学している自分達を周りに描いたが、スペースの関係と心理的な距離感により、人物の大きさに違いが出ている。演奏する人物については、それぞれの楽器に合わせた動きを特に工夫している。

表現のポイント
- 中心人物を画面中央に描く大胆な構成である。
- 見ている自分ではなく、あこがれている立派な先輩の姿が主題である。そのため、自分達は周囲に小さく描かれているのであろう。
- 画面上方のステージがあることで、不思議な遠近感や練習場の広さが感じられる。太鼓や人物が映えるさわやかな背景色の選定もよい。

小学生の絵

●「陶の朝市は、おいしいものがいっぱい！！」（小学2年）

　見学に来た地元の朝市に、とても愛着をもっていることが感じられる。素直で明るい大変子どもらしい表現である。手前に並ぶ野菜は細かくていねいに描かれ、主題につながる朝市の豊かさを表している。市に集まっている人物も皆温かな表情をしており、朝市が地域の大事なコミュニティとなっていることが伺える。

表現のポイント
- ●水平基調のシンプルな構成が、落ち着いた雰囲気を表している。線をていねいに描き、人物や建物にも柔らかさが感じられる。
- ●朝市の大切な要素である野菜を、多様に描いている。
- ●水彩絵の具を効果的に用い、全体が明るい色使いとなっている。
- ●中央にある「朝市」の青い幟旗は、鑑賞者の視点の起点となっていて印象深い。

●「白へびを見つけたよ」（小学2年）

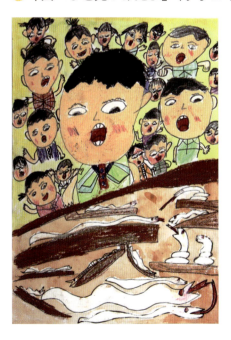

　珍しい白へびを見た時の感動を絵に表している。驚いた人物と白へびに絞ったシンプルな構成で、主題を分かりやすく伝えている。表情豊かな子ども達や、様々な形態の白へびを工夫して描いていることが分かる。大小入り交じって、一様に驚いた顔の子ども達や太さが違ったり形態が違ったりしている白へびの表現から、作者の子どもらしい遊び心が垣間見える。

表現のポイント
- ●自分達の表情も白ヘビも、両方表したい気持ちから自ずと決まってきた構成だと考えられる。
- ●画面は人物と白ヘビの2つの部分に大きく分割されており、主題が明確になっている。
- ●ヘビの背景は茶系で、白い体をはっきりと浮き立たせることに役立っている。対して人物の背景は黄色系で、白ヘビを見て喜んでいる楽しい雰囲気を感じさせる。

● 「うわ～きれい！はじめて太陽を見たよ」（小学3年）

　理科の時間に、遮光板を使って、太陽を初めて見た時の感動が伝わってくる作品である。遮光板に映った円い太陽が印象的だったのか、太陽が2つ描かれている。また、人物の影までも描かれていたりするなど、子どもが感じたことを素直に絵に表している。

表現のポイント
- 太陽を中心に、人物の向きが様々に描かれており、この時期の自然な子どもらしい表現である。
- 少し画用紙の色が透けるぐらいに水の量を調節し、太陽や影の色をていねいに塗っている。
- 影の色は暗くなりすぎないように、青っぽい色をのせている。

● 「とうろうと花火大会」（小学3年）

　灯篭の灯りと花火が夜空を彩っている。そして、花火を見ている人達や、出店で食べ物を買って楽しそうな人達がいる。花火大会で見た光景と、楽しいお祭りの思い出が合わさっている。絵から花火の音やにぎやかな声が聞こえてきそうな作品であり、見たこと、感じたことが伸び伸びと表現されている。

表現のポイント
- 花火をパスなどで描いた上から絵の具で夜空の色を塗ると、絵の具をはじいて花火が浮かび上がる。中学年になり、低学年まで経験した描画技法を生かして描くことができるようになっている。
- 灯篭の色は、茶色の仲間をつくって着色している。
- お祭りの雰囲気に合う明るい色がお店や服、地面の色に使われている。

●「はじめてせりにいったよ（魚市場見学）」（小学3年）

初めてせり市を見に行った時の体験を思い出して描いている。様々な海の生き物とせり市で働く人々の活気ある様子が伝わってくる。また、大きなトラックの中が透けてみえるように、泳いでいる生き物が描かれている。見たことと、想像したことを組み合わせ、楽しんで表現している作品である。

表現のポイント
- 細かくペンを使って描いており、線の中は色鉛筆などでていねいに塗っているため、一つひとつのものの形や色がはっきりしている。
- 広い面は、絵の具で着色しており、描画材を使い分けている。
- 水槽や入れ物の形が様々で、動きのある配置が工夫されている。

●「みんなで育てたモンシロチョウきれいな空にはばたいたよ」（小学3年）

教室で育てたモンシロチョウが、サナギから羽化して旅立った時の喜びが伝わってくる作品である。手を伸ばして、みんなでチョウを見送った時の瞬間だけでなく、キャベツの葉をえさにして青虫を育て、虫かごの中でサナギを育てた過程も絵に表れている。

表現のポイント
- 窓の外の大きな木、込み合った家々や建物、向こうに見える山、空へと、チョウが飛んでいく視点で風景を描いている。
- チョウがふわっと飛び立った感じを表すために、白色を薄く上からのせる工夫をしている。

● 「ものいっぱい楽しさいっぱい体育倉庫」（小学3年）

とび箱に三角コーン、一輪車、点数板、ボールやフラフープ、だるまなど、体育倉庫の中で様々なものが会話をしているような楽しさのある作品である。一つひとつのものをよく見ながら描いている。単にものがあることだけでなく、それを使った時のことまで思いを巡らせて描いている様子がうかがえる。

表現のポイント
- ものの一つひとつをよく見て、フェルトペンを使って味のある線で描いている。
- ものとものの重なりを考えながら、根気よく対象を見つめ、自分らしい構成を工夫している。
- 床の木目の模様にもおもしろさを見出して表現している。
- 混色をして使っている色は様々であるが、色が濁らないようにていねいに塗っている。

● 「えがおたっぷりバスの中」（小学3年）

社会見学でどこかに出かけるバスの中の様子を楽しかった思い出をもとに子どもらしい創作をまじえ、上手に再現している。一人ひとりの表情や動きから、笑顔たっぷりな様子が伝わってくる。

また、リュックや水筒、シートカバーの模様など細かいところにこだわりながらの表現が見られる。人物に比べてシートが大きいことで、3年生の子どもが感じたバスの大きさも伝わってくる。

表現のポイント
- レントゲン図法を生かし、バスの車内を前から後ろにかけて俯瞰する描き方が秀逸である。
- ペンを使って線描するとともに、シートや床、壁面などの背景色をあえて限定するとともに、シートの青色を薄く塗ることで、細かく描かれた人物がしっかりと前面に出てくる工夫をしている。
- パレットや筆洗をていねいに使い、水彩絵の具の透明感を上手に生かしている。

●「世界一大きな里いも」（小学3年）

　里芋を収穫する農家を見学した時の様子であろう。見学メモを手にした子ども達が、収穫された里芋の大きさに驚いた時の感動を表現している。里芋を指さす子や見上げる子、驚きの表情を見せる子など、一人ひとりの様子がよく伝わってくる。里芋をよく観察し、ていねいに描いている。
　収穫された里芋を囲む子ども達の歓声が聞こえてくるような作品である。

表現のポイント
- 色の組み合わせを考え、里芋やそれを持ち上げる人物が引き立つような色使い、また、絵の具での着色が単調にならないよう、筆使いを上手に工夫している。
- 里芋やそれを持ち上げる人物を大きく描くことで、里芋の大きさを強調している。また、ペンの太さを変えることで、遠近感をうまく表現している。

●「う〜ん、青虫はどこだ？」（小学3年）

　理科の時間の観察で、キャベツ畑に青虫を探しに行った時の様子を描いている。茂った緑の葉や花壇の花、子ども達の服装、飛び立つチョウの様子からも暖かな春の日の空気を感じる作品である。
　キャベツの裏に隠れている青虫の存在を見る者に教えてくれる遊び心も伝わってくる。

表現のポイント
- 一人ひとりの表情や、虫眼鏡を持ち、体をかがめて青虫を探す人物の動きをうまくとらえて描いている。
- 画面の約半分を占めるキャベツをしっかりと観察し、細かい部分までよく描いている。これがこの絵の迫力につながっている。
- 単調になりがちな色の構成を子ども達の明るい服装が引き締めている。

● 「走れ走れ自転車～自転車大好き～」（小学3年）

　大好きな自転車に乗って、友達と川辺の道を走り抜ける様子を描いている。自転車に乗る2人の動きと、のんびりと犬の散歩をする人物の対比がおもしろい。
　スピードを出すためか、自転車に乗った2人は姿勢を低くし、目線はずっと先を見ている。躍動感あふれる作品である。

表現のポイント
- 風を受けて走る躍動感を木々や草花、運転する人物の髪の毛の描き方、さらには一つひとつの色の組み合わせを工夫してうまく表現している。
- 描くものの大きさを考え、遠近感を上手に表現している。
- 花の茎や向こうの自転車の影、手前の人物の左右のズボンの色、護岸の石の色の組み合わせ、手前のタイヤに入った白などの細かい工夫が見られる。

● 「地域の方と楽しくだいがらでもちつきをしたよ」（小学3年）

　地域の方に教えてもらいながら、だいがら体験をする様子である。気合を入れて力強く踏み台を踏む様子が表情から伝わってくる。たくさんの人達がカメラを構えていることから、地域の人達と一緒に行った行事だろう。だいがらの様子、一人ひとりの人物の様子もよく描かれている。

表現のポイント
- ペンを使った線描で、一つひとつの形をしっかりと描いている。
- メインとなるだいがらの様子をしっかりと観察し、また、単調にならないよう、色の組み合わせをよく工夫して描いている。
- 手前のものと向こうのものとの大きさを工夫し、遠近感を、また、地面と向こうの空の着色の仕方を変えることで、空間感をうまく表現している。
- たくさんの色を使いながら、それぞれの色がていねいに表現されている。一つひとつの表現に対しての愛着を感じる絵である。

小学生の絵

● 「いっぱいつったよ　魚つり」（小学4年）

　楽しそうな魚釣りの様子である。様々な出来事を全体的にとらえており、楽しかった気持ちを多様な人物表現に込めている。
　それぞれの人物の表情や動作のおもしろさもさることながら、魚や鳥、周辺の家々や遊具なども見られ、カメラで撮影する人物や注意喚起の看板まで描いている。表現の細やかさに思いの大きさが表れている

表現のポイント
- 海と岸壁のラインで画面を斜めに区切る構図であり、劇的効果が表れている。
- 筆のタッチと、青色、緑色、紫色などの色彩に変化をつけることにより、海と岸壁のコンクリートの違いを表している。
- 人物の顔の向きや表情、動作に多様性をもたせることにより、楽しさが表れている。何よりも、曲がった釣り竿が躍動的で、生き生きとした雰囲気をつくっている。

● 「さあ、書くぞ！書初めだ！」（小学4年）

　書き初めの時の、筆先への意識の集中が感じられる作品である。筆を持つ人物の手元の描写、視線、正座の様子など、その場にいる全ての人物の様子が細やかに描かれている。本来張り詰めた空気の場面であるが、静かな雰囲気の中にも人物表現の多様性が見られる。画面全体に温かさも感じられてほほえましい。

表現のポイント
- 中央の人物を大きく描くことで、画面の中心をつくっている。
- 床や壁の茶色に対し、敷物の白色や服の紺色がコントラストをなし、人物が目立って見えるため、画面全体にリズムが感じられる。
- 書き初めの時に留意する動作を克明に描きつつ、一人ひとりの人物の動作はそれぞれに変化をつけ、多様性を生んでいる。

● 「きゃー、ぎゃー、わー、ひめいの連続、シャワーだ」（小学4年）

　子ども達は、プールでの学習の前後に、シャワーの水を浴びる。シャワーの冷たい水を浴びて、子ども達の黄色い声が響き渡る瞬間である。冷たい水を全身に浴びて、楽しいけれども思わず悲鳴を上げてしまう時の様子が、人物の様々な表情に表れている。そんな場面を絵に表したこの作品の題名のつけ方もとてもおもしろい。

表現のポイント
- 手前の人物を大きく描き、後方の人物を小さく描く、手前の人物の肌の色はより濃く表し、後方の人物の肌の色は薄く表すことにより、画面内の人物の主述の関係を明確にしている。
- 水しぶきや雨を表す時の手法として、一般的に水彩絵の具をはじくクレヨンなどが使われ、本作品のようなシャワーの水の描写にも有効である。

● 「座ぜんをするぼくたち」（小学4年）

　座禅の場面であることが題材の選択として特色がある。普段、元気な子ども達が心を落ち着けて、ある種の緊張感を味わっている様子がうかがえる。和尚さんが一際大きく描かれていることもその表れであろう。しかし、一人ひとりの子どもの表情は、楽しそうにも見え、緊張感の中にも明るさが感じられる。

表現のポイント
- 座禅という場の特性上、動作がパターン化された人物の繰り返し表現から、画面にリズム感が生み出されている。
- 建物の構造描写も含めて画面の構成に用いられており、床の平行な線と斜めの線により、安定感と変化が生み出されている。
- 床や壁の茶色、黄土色に対して、屋根瓦の紫色や空の青色、手前の庭の水の色などの配色により、色彩的にもバランスよくまとめられている。

●「力強くおどっている」（小学4年）

踊っている時の弾む気持ちや、動作の躍動感が見事に表されている。「腕をよく伸ばす」「腰をしっかり落とす」などの指導が意識されている様子が表現から感じられる。音楽や周囲の観客の声援が聞こえてくるような表現である。

表現のポイント

- 中央の3人の人物を中心的に描き、手前の声援を送る子ども達や、後方に背中を向けて踊っている子ども達を描いたことで、画面全体に広がりを感じさせる。
- 地面の緑色に対して、服の白色や紺色、赤色がアクセントとして生きており、地面の白色のラインも構図の安定に有効である。
- 人物の視線、口の動きなどの表情、また、手足の動きや風になびく髪、衣装の様子などが躍動感を生み出している。

●「ねぶたのパレード　ピカピカ光ってきれいだった」（小学4年）

地域のお祭りのにぎやかな様子をていねいに表現している。汗をかきながら一生懸命にねぶたを担ぐ大勢の人、ねぶたの中に乗って喜んでいる人、屋台で食べ物を売る人などの元気のよい声が聞こえてくるような生き生きとした作品である。特に、おそろいのはっぴを着てねぶたをかつぐ人物の表し方（体の向きや表情）に特徴があり、祭りの一体感がよく伝わってくる。

表現のポイント

- 中心に描かれた横向きのねぶたは、赤や白、黒を基調に画面いっぱいに大きく描かれ、祭りのシンボルを力強く表している。その他のねぶたも、向きや色合いを変え、表し方が工夫されている。
- ねぶたをかつぐ人達の動きが一人ひとり異なる。両肩で棒をかついだり、両手で力強く押したり、周りで声をかけたりするなど、細かな表現から祭りの感動が伝わってくる。

●「みんなかわいいみかんだよ」(小学4年)

　みかんを大切に思う優しい気持ちが伝わってくる作品である。麦わら帽子をかぶった男性やその隣で作業する女の子、周りで作業を進める友達が、一人ひとり目の前のみかんを見ながら、一生懸命に作業を進めていることが分かる。人物の表情や動き、みかんの木々のていねいな色使いなどから、体験した時の感動も上手に表現されている。

表現のポイント
- 中心の二人が印象的である。男性の目線や口の動き、女の子の口や手の動きなどから、話をしながら、ていねいに作業を進めていることが分かる。
- みかんの木々の緑や黄色の優しい色使いを背景に、中心人物の青や赤のきれいな色が目を引く。また、男性の服や麦わら帽子の模様をていねいに仕上げている。
- 周りをみかんの木々で囲み、真ん中に空間をつくることで、より中心人物が強調され、工夫された構図となっている。

●「海につかりそうな厳島神社」(小学4年)

　神社の瓦や柱の細かな表現や、色彩の美しさなどから、作者が厳島神社を訪れた時の感動や驚きがよく伝わってくる作品である。手前で泳ぐ魚の動きからは、魚が人物に興味を示している様子が伺え、風格のある神社の表現の中にも、作者のユーモラスな思いが感じられる。その神社の中を整列して歩く子ども達の姿からは、体験したことを思い出していねいに描いていることが分かる。

表現のポイント
- 一枚一枚の葉をていねいに描き、着色している手前の木と、淡くきれいな色で表した奥の山々の表し方が対照的で、それぞれがよく工夫されている。
- 並んで奥に歩く子ども達や下から見上げる構図、木々の描き方などから、奥行きのある作品に仕上がっている。
- 神社の瓦や床、子ども達の制服や鞄など、ていねいで、変化のある色使いから、作者の感動がしっかり伝わってくる。

小学生の絵

●「決まれ！！このシュート！！」（小学4年）

「なんとしてもこのシュートを決めたい」という作者の強い気持ちが、人物の表情や動きから伝わってくる。ゴールネットを狙う中心人物の目線、声をかける仲間の表情、ゴールを阻もうと大きく手を伸ばす相手の姿などは、躍動感があふれている。コート外では、一生懸命に応援する人達の側で、挨拶を交わしているかのような人物も描かれるなど、ユーモラスな表現も見取れる。

表現のポイント

- ゴール上から見た構図や斜めの床の線が、画面に広がりをもたせている。
- 一人ひとりの人物の表し方に工夫が見られ、それぞれの人物からは強い思いが伝わってくる。特に、ボールを持つ人物の表情や体の角度からは、ゴールを入れるという強い意志が伝わってくる。
- 人物の濃く伸び伸びとした線とは対照的に、コートの床は細く薄い線で描き、淡く優しい色で着色されている。そのことで、人物の動きがより強調され、躍動感のある表現となっている。

●「とんだよとんだ　ぼくらの紙飛行機」（小学4年）

クラスの友達と教室で紙飛行機を飛ばす様子が、楽しく表現されている。高く上がったり、思わぬ方向に飛んだり、友達の飛行機とぶつかりそうになったり、友達に負けないように飛ばそうとしたりする子ども達一人ひとりの思いがよく伝わってくる作品である。黒板や机、棚、床などの表現から、教室という身近な場所への作者の思いも感じられる。

表現のポイント

- 床と天井、そして、その間を自由自在に飛ぶ紙飛行機の構図が大変おもしろく、空間に高さや広がりをもたせている。
- 紙飛行機の形や色、向きが一つひとつ異なり、自分の紙飛行機にこだわりをもち、大事にしていることが分かる。また、紙飛行機の飛んだあとの線を絵の具で薄く描き、紙飛行機のスピード感を表現している。
- 人物の制服や黒板、床などを、濃淡をつけて工夫して着色したり、上靴や棚の本の色を変えたりするなど、細かな表現にも工夫が見られる。

● 「３Ｆから見える図書室　３Ｆから見える図書室が大好きです」（小学５年）

図書室を上から見た様子が描かれている。本棚に並ぶ本や床板まで図書室の様子が細部までていねいに表現されている。描かれている人物がほほえましい。心の声が聞こえてきそうである。混色や濃淡など、彩色もよく工夫している。大好きな図書室が一望できるお気に入りの眺めを表現したいという思いが伝わってくる作品である。

表現のポイント
- 画面上半分の広い範囲に白を使い、明るく、開放的な空間を表現している。両端の壁面を手前に向かって広げ、本棚の重なりも工夫して遠近感を表している。
- 画面下半分に細かく図書室の様子を描いて視点を下へ向け、画面上半分に真っ直ぐに伸びる柱を描いて高さを感じさせることで、上から見ている様子をうまく表現している。

● 「わたしのふるさと別府〜 20年後も笑顔いっぱい」（小学５年）

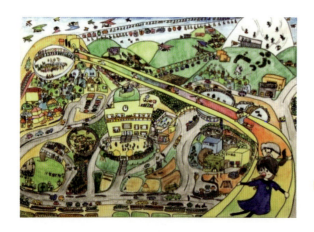

自分のふるさとの未来に思いをよせ、今ある自然のよさを残しつつ、こうなったらいいなという夢があふれた作品である。学校を中心にまち全体を俯瞰する構成で表現されている。ふるさとの名所や特産品のなしをモチーフとした家、ロープウェーのゴンドラなど、まちの様子が細部にわたって描かれ、淡い明るい色でていねいに塗られている。

表現のポイント
- まち全体の眺めを楽しめる長い滑り台を画面中央に斜めに配置して、まちの広がりを効果的に表現している。
- 滑り台の人物の大きさを変え、画面手前の人物を大きく描くことで、遠景中心の構成に変化が生まれている。
- 水彩絵の具の透明感を生かし、混色を工夫している。そのため、描かれた一つひとつの存在感がよく表れている。

●「浦安の舞を踊ったよ」（小学5年）

　浦安の舞を踊った時の感動を画面いっぱいに表現している。踊りの動きをそろえ、掲げた扇を見つめる表情から、神事である舞を真剣に、また、誇らしげに踊っている様子が伝わってくる。その様子をにこやかに見ている人達が背景に描かれており、うまく踊れた達成感や喜びがよく感じられる作品である。

表現のポイント

- 伝えたい中心を画面中心に大きく配置し、背景も主となる部分を生かすように描かれ、伝えたいことが効果的に表現できている。
- 全体的に明るい色調でまとめ、祭りの華やかな雰囲気が表現され、中心となる舞を踊る人物の衣装や装飾品が特に鮮やかにていねいに塗られている。
- 視線を向ける扇の折り目や一際目を引く赤色の袴のひだを、その感じが表れるように色の濃さを変えながらうまく表現している。

●「夜と昼のくすのき」（小学5年）

　一本のくすのきの夜と昼の様子が一つの画面で描かれている。夜のくすのきは、街頭の明かりで葉の輪郭がはっきりと浮き出て迫ってくるように、それとは対照的に、昼のくすのきは、日の光に葉が包まれて柔らかく表現されている。夜と昼との見え方や感じ方の違いに気づいた作者の感動がうかがえる作品である。

表現のポイント

- 夜と昼のくすのきの表情の違いを、葉の緑色の明度の高低差と塗り方の違いではっきりと表現している。
- 光源や空の色、幹の色、地面の色の違いにも工夫が見られる。空の色をはっきりと夜、昼と変えずに少しずつ変化させていることで、連続した時間の流れを感じさせ、夜と昼のくすのきを一つの画面でうまく表現できている。

●「六十階段から見える三井小学校」（小学5年）

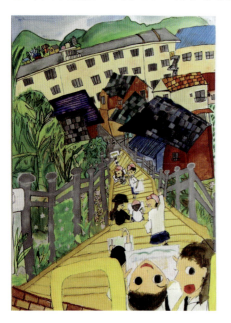

　階段を上った小高い場所から校舎を見下ろした景色を写生する様子である。家々の入り組んだ感じや階段の長さ、高さがうまく表現されている。構図を考えている人、児童に寄り添っている先生、友達に何か伝えている人などが描かれ、人物の動きや表情から写生を楽しむほのぼのとした様子が感じ取れる作品である。

表現のポイント

- ●手前に大きく人物の近景を描き、遠景に校舎の奥に小さく建物と山を描いて、奥行きの広がりを表現している。
- ●階段横の両端の囲いと道、校舎に濃淡を工夫して灰色を効果的に使うことで、階段を下りて校舎へ向かう視線をうまく誘っている。階段や人物、校舎を明度の高い色でまとめ、明るく柔らかい雰囲気を生み出している。

●「ぼくのお気に入りの場所」（小学5年）

　橋には趣のある街灯があり、歩道は色とりどりの石で敷き詰められている。瓦屋根、石垣、歩道がていねいに彩色され、それぞれの組み合わせが美しい作品である。橋の上には魚を見ている子どもや、楽しそうに話をしている子どもの姿が見られる。子ども達の活気のある様子が美しい風景の中で生き生きと描かれている。

表現のポイント

- ●画面全体が温かみのある柔らかい線で描かれている。
- ●橋や川を斜めの線を使って描くことで、画面が動きのある構図になっている。また、石垣や屋根の瓦、歩道の石などが、一つひとつていねいに透明感のある美しい色彩で描かれている。
- ●橋から見える家々の瓦屋根を青の同系色で着彩していることで、画面に統一感が出ている。

●「みのりの秋　友達とまちあわせ」（小学5年）

　黄金色の稲穂が豊かなみのりの秋を表現している。川をはさんで作者と友達が両手を挙げて声をかけ合っていて、待ち合わせのはずむ気持ちが伝わってくるようである。また、鳥や魚、かになどの生き物が描かれて、作者の自然に対する優しい視線を感じる。お地蔵様もにこにこしていて、画面全体にほのぼのとした温かい様子が表現されている。

表現のポイント
- ●作者と友達が川の両岸に遠近法で描かれ、互いに声をかけ合う二人の距離感がよく表現されている。
- ●手前は緑色、川の向こうは黄色やオレンジ色を基調とし、両方の対比が美しい。
- ●ガードレール、田んぼ、川岸が、いずれも川に沿った曲線で描かれていることによって、その先の鳥や魚、かになどの生き物やお地蔵様へ視線が移動し、画面に動きを与えている。

●「古里の社」（小学5年）

　美しい朱赤の社が木々の緑に映えている。手前にある大木にはどっしりとした存在感がある。作者は、太い幹の力強さや、手前に張り出した枝の一つひとつをじっくりと見つめてていねいに描いている。この「古里の社」は地域の人に大切に守られているのであろう。社の静かさと大木から感じられる生命力の対比が絵をいっそう魅力的にしている。

表現のポイント
- ●空に向かって緩やかに曲線を描いている社の屋根、四方に伸びる大木の枝、手前の石垣など、それぞれが動きのある線で描かれており、画面に躍動感を与えている。
- ●「鳥居」・「大木」・「社」の高さが画面で社に向かって次第に高くなっていく構図は、社の存在感を際立たせている。
- ●社はていねいな線描と透明感のある着彩によって美しさがよく表現されている。

● 「三世代交流もちつき」（小学5年）

　三世代でもちつきをした楽しさが画面から伝わってくる。もちができるのを楽しみにしている気持ちが、一人ひとりの表情から伝わってくる。「うす」の中にある、よもぎもちの表現にも作者の意図を感じる。後ろには、もちをつく様子を優しく見守ってくださる方がいる。また、できたもちを入れた、木の箱をそっと開けて見ている子どもの様子がほほえましい。

表現のポイント

- 人物の表情や動きが伸び伸びと描かれており、もちつきでの温かい交流の様子が伝わってくる。
- 重い「きね」を両手で持ち、一生懸命もちをつく様子がよく表現されている。
- よもぎもちの緑の色が美しく、画面のアクセントとなっている。
- 「うす」が、上から見た作者の視点で描かれていることによって、もちつきを間近で見ているような臨場感を感じる。

● 「選書会～ねえ、この本おもしろそう！～」（小学5年）

　選書会で友達とお気に入りの本を選んでいる時の様子が描かれている。本を見る作者の表情から、「この本おもしろそう」と話す友達との会話が聞こえてくるようである。机の上にたくさん並んでいる本からお気に入りの本を選ぶ楽しさが画面から伝わってくる。全体に淡い色彩で描かれていることで、画面に柔らかい雰囲気を醸し出している。

表現のポイント

- 選書会で本を選ぶ作者と友達が画面の中心に大きく描かれている。
- 机の上にたくさんの本が描かれていることから、その中から選んだお気に入りの本の存在感が増している。また、向こう側の机で友達が本を選んでいる様子を重ねて描くことで、画面に奥行きが出ており、みんなが選書会を楽しみにして本を選んでいる様子が伝わってくる。

小学生の絵

●「6年間を見守ってくれたくすのき」（小学6年）

　毎日眺めてきた親しみのある木を上から見て描いているところがおもしろい。木の向こうに見えるレンガ、校舎、友達も大事な思い出である。魚眼レンズのように見えた風景を一生懸命に描いている姿が目に浮かぶ。

表現のポイント
- ●見下ろして描くという視点を変えることによって、いつも見ている風景とは違った良さが見えてきたのではないだろうか。そうした中で、レンガの模様は葉っぱも窓もより細かく見え、ていねいに写し取ることができた作品となっている。
- ●色塗りは水を多めに使って透明感を出し、ペンで描いた輪郭線が生きている。

●「わたしとピアノ〜ピアノをひくのが大好き　楽しいな」（小学6年）

　休み時間か放課後かほっとできる時間に、友達にピアノを聞いてもらっている。ペダルを踏んで響かせたピアノの音とともに「わあ、上手だね」「もっと弾いて」と言っている友達の声が聞こえてくるようである。大好きなピアノと友達に囲まれて、楽しい時間を過ごした思い出を生き生きと再現した作品となっている。

表現のポイント
- ●一番に見てほしいピアノの鍵盤をはっきりと描くために、斜め上から見た構図となっている。その視点から見た人物のとらえ方が立体的で、人物の動きを的確に表現している。
- ●色数はそう多くはないのだが、きれいな水を使って、濃淡を出している。
- ●ピアノは黒で塗ってしまいがちであるが、紺や白を上手に使って光や影を表し、存在感を出している。

● 「わたしの町の風景〜美しい風景をイメージしました」（小学6年）

　学校の屋上から町を眺めている。この作品の特徴は何といってもこの色使いである。自分のイメージで町を眺め、色塗りをしている。しかしながら、形は、屋根瓦を一つひとつていねいに描いたり、自動車の中の人間も細かく描いたりして、対象物を誠実に写し出そうとしている。想像と写実がうまくマッチしたおもしろい作品である。

表現のポイント

- 山や木などの自然物は、見たままの色を使っているが、家や道路、自動車などの人工物は、ピンクや紫の同系色を使っている。その色の美しさを強調することによって、独自の世界を展開している。同系色のみで表すと単調になりがちだが、グラデーションにしたり白で重ね塗りをしたり細い筆で点描にしたりといろいろな工夫をしている。

● 「みんな仲良し〜楽しいハロウィンカレンダー」（小学6年）

　ハロウィンは、子どもにとって欠かせない行事の一つとなっており、そのパーティーの楽しさを表したカレンダーとなっている。ハロウィンに必要なアイテムをリズムよく配置したり、扉を開くと隠れていた何かが出てくるなどの仕掛けがあったりしてより楽しい作品となっている。

表現のポイント

- カレンダーで一番大切な日にちに、数字の形や色に同じものはなく、全てにこだわりをもって工夫している。
- 材料も色画用紙を多用しつつ、毛糸、リボン、布、ボンボン等いろいろな材料をどう効果的に使うかを考えるのも楽しいものである。
- 心を込めてつくった一つひとつのアイテムを少し斜めに傾けて貼り付け、動きを見せている点も素晴らしい。

●「私のお気に入りの場所〜笑顔と優しさがあふれる大井駅が大好きです」（小学6年）

画面に描かれている人がみんなにこにこと笑顔で、優しい雰囲気を出している。手をふっている人、あいさつを交わしている人、掃除をしている人、それぞれの動きに声まで聞こえてきそうなくらい生き生きと描かれている。それらをていねいに描くことにより作者の郷土愛まで感じ取ることができる。

表現のポイント

- 主となる人物は、目や手の動き、洋服の模様等、自分なりの工夫を楽しみながらていねいに描写している。
- 駅舎や電車、人物などは、やや濃く塗り、空や地面等の背景は、水を多くして薄く塗ることにより、表したい駅舎や人物を浮き出たせている。
- 輪郭線もペンでしっかり描かれており、描きたいものを強調して、自分の思いを伝えている。

●「にぎやかな秋の祭り」（小学6年）

地元の秋祭りに参加した時の感動を表している。神社に参拝をして熱心に祈りを捧げている人や、境内の枯れ葉で焚き火をしながら、収穫した薩摩芋を焼いたり、食べたりする子ども達や神輿を担ぐ子ども達の様子が画面の中で一体となっている。子ども達の表情から、秋の豊作を喜ぶ様子と地域に伝わる行事を大切にしている気持ちが想像できる作品である。

表現のポイント

- この作品では神社の瓦や石垣、坂道の石が一つひとつていねいに仕上げられており、主となる人物が、主題に合わせて大きさや向き、動きなどをよくとらえて描いているので伝えたいことが効果的に表現されている。
- 対照的に周りの様子は淡い色を使い、もみじをふわりと散らせ温かみのある雰囲気に仕上げている。
- 人物の表情から、その時の気持ちが伝わり、場面ごとのお話を想像することができる。水彩絵の具を濁らせないように、水の量を調節し、透明感のある色使いをしている。また、コンテを使って、柔らかな様子や色に深みを出して作品を仕上げている。

●「ぼくの席から見える光景」(小学6年)

　ふだん生活している教室の様子の一瞬をとらえて表現している。何気なく過ごしていた場所も、見る角度を変えるだけで趣深い景色に変わる。そんな気持ちが感じられる作品である。黒板の板書や机上の開きっぱなしのノートが、さっきまで授業をしていたことを伝えてくれる。

表現のポイント💡

- この作品では教室の白い壁や茶色の床や机などの落ち着いた色が多く使われている。水彩絵の具の透明感を生かし、きれいな水を使って混色させながら幅広い色を表現している。
- 窓から黒板、壁などが手前にいくにつれ、大きく構成されており、さらに光と影をていねいに塗り分けることで遠近感がさらに強調されている。
- 黒板の板書や机上の道具だけでなく、壁の掲示物まで細かく描かれているので、作品を一つひとつていねいに仕上げていることが分かる。
- この作品は遠くから眺めても、近くでしっかり見ても描かれたものが強く印象に残る作品となっている。

●「わたしの大好きなふるさと楢崎」(小学6年)

　自分のふるさとの町を高台から眺め、ビニールハウスや畑などに囲まれた一軒家と、その家で使われている車や物干し台など生活の様子まで伝わってくる作品である。遠くの山並みまでていねいに描き、ふるさとへの愛情が感じられる。

表現のポイント💡

- この作品では、手前に見える木の枝や葉、ビニールハウスなどを大きく描き遠くにある畑や山並みを小さく描き遠近感を表しており、建物の向きや角度、位置、大きさなどをよく考えて描いている。
- 葉やビニールハウスや地面の色を明るく鮮やかに、遠くの畑の作物は少し濃く周囲は淡く水彩絵の具の透明感を生かしながら描いている。
- ハウスの中や自動車の内部まで細かく表現するこだわりと、遠くに見える山並みや空をぼかして描くなどのバランスが良い。

●「宇宙にもうひとつわたしだけの地球」（小学6年）

　地球からつながる銀河鉄道を走ると、そこにはわたしだけの地球に辿り着くことができる。宇宙での私は丸や三角の宇宙船でペットと遊んだり、お菓子を食べたりして自由に楽しんでいる様子が伝わってくる。もう一つの地球は楽しいことであふれている。そんな夢の世界が表現された作品である。

表現のポイント
- この作品では地球を手前に描き、銀河鉄道の先に宇宙に浮かぶもう一つの地球を描いている。地球とは異なる夢の世界を表現するために、地球と宇宙を結ぶ銀河鉄道を中央に描き、さらに主となる人物が楽しく過ごす様子がそれぞれの場面で描かれている。
- 鮮やかな水彩絵の具で、もう一つの地球や建物、銀河鉄道が描かれ背景は主となるものを生かすため、濃紺からだんだん薄い紺へと彩色に変化をもたせており、宇宙に浮かぶ星の輝きを色使いや、スパッタリングで効果的に表現している。
- 全体的に明るく楽しい気持ちが伝わる作品に仕上げている。

●「白壁の町並みを泳ぐ金魚ちょうちん」（小学6年）

　白壁で有名な柳井市。その通りには様々なお店が軒を連ねている。そのお店にはお土産物や雑貨屋があり、生活に密着したお店も並んでいる。二階の窓から眺めると、軒先に吊るされた金魚ちょうちんが揺れている。金魚ちょうちん越しに見えた風景を表現している。

表現のポイント
- この作品では、手前に見える金魚ちょうちんを中心に、軒に連なるちょうちんがだんだん小さく描かれ、向かいに見える商店の様子がさらに小さく描かれている。
- 目の前のちょうちんを大きく描くことで、遠近感をはっきりと感じることができ効果的な描き方をしている。
- 主となる金魚の鮮やかな赤色が目を引き、背景の瓦の紺がそれを際立たせている。
- 空の色を淡くすっきりと彩色し、手前の軒先と瓦にはしっかりと混色させながら透明感を出して表現している。
- 店の中の様子も細部にこだわって表現していることから、自分の町に愛着をもち、大切に作品を仕上げた様子が伝わってくる。

Column

小学校図画工作科での鑑賞活動

　図画工作科の鑑賞で留意したい点は、大きく三つ挙げられる。

1 ［鑑賞の対象を広げる］
2 ［表現と鑑賞の関連を図る］
3 ［子どもの素朴な疑問や気づきを大切にする］

1 ［鑑賞の対象を広げる］

　考えられる対象としては、「自分や友達の作品」「地域の工芸品、身近な作家の作品」「美術作品」そして、「制作に使う材料そのものの鑑賞」などが挙げられる。

　「鑑賞」と聞くと、一般的には即座に「有名な美術作品の鑑賞」をイメージしがちだが、対象とすべきはそれだけではない。

　例えば、自分のクラスの友達の作品であれば、親近感をもって鑑賞することができるし、つくり手の思いも想像しやすいであろう。地域の作家の美術作品や工芸品であれば、実物を鑑賞する機会をつくることも比較的容易である。まずは身近な対象から鑑賞させることで、見ることに慣れておく必要があろう。また、歴史を通して評価されてきた美術作品を鑑賞する場合には、子ども達にとって初めて触れる作品であることが多いので、授業を構成する上での見る意欲を高める工夫がよりいっそう必要になる。

　いずれにしても、鑑賞の対象を広げることには、身の回りの様々な美的な価値に関心がもてるようにしよう、というねらいがある。

2［表現と鑑賞の関連を図る］

　このような鑑賞には、大きく二つの方法がある。一つ目は、自分や友達の作品を対象として、制作前、途中、完成後などに鑑賞活動の場を設定することである。二つ目は対象とする美術作品と同じ表現形式で、実際に表現することを通して鑑賞することである。

　自他の作品を鑑賞する際には、作品構想の段階や、制作途中で試行錯誤し工夫を重ねていく段階、完成後の鑑賞活動の中で、お互いの思いの変容に気づくことができるようにしたい。完成作品のみを鑑賞することでも十分価値はあるが、「つくる」―「見る」―「つくる」、といったように「つくる」の中に「見る」を効果的に入れていくことによさがある。友達がどんな構想をし、どんな工夫や苦労をしてきたかを把握しているので、とても具体的な気づきを導き出すことができる。

　「対象とする美術作品と同じ表現形式で実際に表現することを通して鑑賞する」とは、例えば、「ピカソのキュビスム風の絵を描いてみよう」「新印象派の点描で絵を描こう」といったものである。偉大な美術作家が描いた作品として、距離をおいて見るのではなく、自分も同じ方法で制作してみることによって、「目で見る」こと以上の発見を期待するものである。「画面をどこで区切るのか結構迷うな。組み合わせる操作は、まるでパズルみたいだ。」、「こんなに狭い部分にこんなにたくさんの種類の色をのせていたんだ。」などの気づきを得ることができる。また、絵画作品を紙粘土などで立体作品につくりかえて、新たな発見をしようとする試みもある。立体に表す作業の過程で、「人物の左右の腕の長さは、こんなに変えて描いていたのか。」といった気づきを得ることも

Column

できる。

　これらの方法は、「つくり手の側に立ってみる」という能動的な鑑賞の態度を期待しているのである。

3［子どもの素朴な疑問や気づきを大切にする］

　実際に鑑賞活動を進める際に一番頭を悩ますのが、指導者が伝えたい文化的な価値と子ども達の素朴な疑問や気づきをどのように絡めて活動をコーディネートするか、ということである。

　近年、美術館では、対話型の鑑賞活動が盛んになってきている。作品を提示した後、「何が見えるか」「どんなことが起こっているか」を問い、自由に意見を出し合う鑑賞活動である。この場合、子どもの側に求められるのは、感じたことや気づいたことを言語化する力である。指導者に求められるのは、自分の伝えたいことを先に言ってしまうのでなく、子ども達が気づいたことの関連づけや補足のような位置づけで説明を加える技術である。もちろん、対話型の授業であっても、様々なバリエーションが考えられる。例えば、モネの「積みわら」の作品を数種類提示し、それぞれの絵の季節を問う、あるいは、朝や夕方などの時間帯を問う、といったクイズ形式から導入することなどが考えられる。子ども達が「色使いやタッチで気温や空気の感じを表すことができるんだ」という大まかな認識を得てから、その他のモネの作品を自由に鑑賞することもできるのである。このようにすると、一定のねらいから外れずに、自由な気づきを得ることができる。また、クイズやゲーム、対話などの手法を生かし、楽

しみながら作品に触れていく中で、自然にしかも確実に作品の秘密に気づかせようとするものである。
　以上、これらは初めての美術作品に触れる子ども達を、「なるほど」「すごいな」「じっくりみてみたいな」という気持ちにさせるための、授業の考え方であるが、教師自身が鑑賞する美術作品のよさをしっかりと味わっておくことが大前提である。

小学校図画工作科と評価

　現在までに行われている教育改革の大きな柱の一つに「評価」の問題がある。つまり、これまでの集団に準拠した評価(相対評価)から、目標に準拠した評価(絶対評価)への移行が示され、それに伴って学習の目標となる「評価規準」を作成することが義務づけられたのである。

　この評価の目的は、教育活動がその目標に照らしてきちんと行われることが大前提である。その上で、診断された評価内容から、教師は自分の指導を振り返り、次の指導を改善していくこと、また、児童生徒は自分の学習状況に気づき、自分を見つめ直し、学習を改善していくことが本来の目的とされている。

　そこで、教育現場においては早速、大変な手間をかけて各教科の評価規準を作成してはみたものの、現実に活用する段階になると、その具体的な尺度が掴めなかったり、限られた時間の中で子どもの学習活動をABCの基準に照らして見取ることが難しかったりということで、うまく評価活動が行われていない苦しい現状がある。

　特に図画工作科の評価となると、どうしても従来行われてきた作品主義の傾向が拭いきれない。作品の出来ばえや技能の優れたものがよいとされ、技術に自信のある教師は表現技能の高い作品をつくらせるために、高い技術を子ども達に押しつけ、自分の価値観や嗜好に合った作品を子ども達に求めがちである。その結果、認められなかった子ども達に、表現することに対するコンプレックスや、苦手な教科だという意識を抱かせてしまう場合がある。

　一方、技術に自信のない教師はというと、その学習活動に対する目標も方針もなく、子ども達に好きなままに表現させてしまいがちとなる。その結果、制作の楽しさや課題の追究が不十分となり、評価すべき視点が明確でないため「図画工作科の評価は難しいし、分からない」と嘆く有り様である。

●小学校図画工作科と評価

　これらのことからも、従来の作品主義にしばられた教師自身の価値観を白紙に戻し、評価の意味をもう一度考え直すところから始めてみてはどうかと考える。
　ここで図画工作科においても、評価規準に則った絶対評価の実践こそが健全な教育活動につながると言える。教師が替わるたびに評価が変わっては図画工作科に対する信頼は失われるだろうし、子ども達の表現意欲も低下してしまうだろう。また、教師自身が図画工作科の指導に自信を喪失したのも作品主義に偏った評価のあり方が原因であった。教師が誰でも客観的に評価でき、その結果がほぼ同じもの、つまり題材の目標を設定し、子ども達のどんな資質や能力が表現されているかを到達度的に評価していくことが急がれる。
　評価規準の作成にあたっては、学習指導要領が基本となるが、学校・地域の特性や子ども達の実態をもとに、より具体的で誰でも頑張れば到達可能な資質や能力の状況を「おおむね満足できると判断される」Bとして想定し、Cの評価に対する支援や指導の手だてはより具体的に示すべきであろう。また、「十分満足できると判断される」Aは、目標に対して総合的に資質や能力が発揮された子どもであり、その尺度についても職員間の評価に対する共通理解がほしい。
　いずれにしても、子どものよさや可能性に目を向けようとする教師の共感的な姿勢は、図画工作科のみならず教育の基本原則であろう。

造形表現の技法

マーブリング(墨流し)

　水面に油性絵の具や墨汁をたらし、できた模様を紙に写し取る技法。絵の具をたらした後、棒で静かにかき回し、模様が流動して不定形になったところに紙をあてて写し取る。水性絵の具の場合は、水に薄く溶いたのりを混ぜ、吸水性のよい紙を使う。写し取った後は、窓ガラスに貼り付けるなど日当たりのよい場所に広げて乾かす。流線形の模様が特徴で、水面では油性の絵の具が混ざりにくいため、様々な色の表現が可能となる。

クレヨン・バティック(はじき絵)

　ろうのはっ水性を利用した「はじき」の技法。あらかじめクレヨンやろうで絵や模様を描き、その上から多めの水で溶いた水彩絵の具や染料で彩色すると、ろうが水気をはじき、最初に描いた図柄が明快に浮き出る。素材感の違いによる線の効果が得られ、線描部分をクレヨンで、広い面を絵の具で表すこともできる。

スクラッチ

　画面にクレヨンやパスでいろいろな色を塗り重ね、竹ぐしやニードル、鉄筆などの先の尖ったものでひっかくと下に塗った色が現れ、いろいろな色の線が描ける方法。上に塗る色を黒にすると黒い画面上にカラフルな線が現れ、鮮明な表現となる。

● 造形表現の技法

コラージュ（はり絵）

　画面に新聞紙や布、写真、ひも、色紙その他実際のものを貼り付けて表す方法。貼るものの持つ独特の素材感や色、形態などによって絵の具で描いたものとは異なる表現ができ、形の切り取り方や貼り方を工夫することによって画面に変化や動きを与えることができる。

　ピカソやブラックのキュビスムの画家がカタログや古雑誌などを切り抜いて貼り合わせたパピエ・コレも、コラージュの中に含まれる。

スタンピング（型押し）

　様々なものを型（スタンプ）にして直接絵の具をつけ、紙に押し当て形を写し取る技法。型にしたものの材質感（テクスチュア）が写し取られる。葉やジャガイモなどの野菜、ひもといった有機物を用いた場合には不定形な形態や模様が表れ、フィルムケースなどを用いると円や長方形といった幾何学的な形態が表れる。

ドリッピング（吹き流し）

　紙の上にインクや絵の具を多めにたらし、その軌跡の効果を得る技法。絵の具を含ませた筆を振りつける、たらした絵の具を口やストローで強く吹いて散らす、紙面を傾けるなどして偶然の形を表す。短めに切ったストローを利用すると表現しやすい。

アボリジナル・ペインティング

　オーストラリアの先住民アボリジニの人々特有のペインティング・スタイルを元にした技法。元来、オーストラリア中央部の砂漠地帯で地面に描かれていた物語や地図などの情報伝達性を含む「砂絵」を近年ではキャンヴァスにアクリル絵の具を使って描くようになってきた。あらゆるものを「点」で描くドット・ペインティング（点描画）の手法が用いられる。アボリジナル・ペインティングの基本色は、炭や岩、粘土などを原料にした黒、白、赤、黄の4色である。描く対象を簡略化や模様化することで独特の表現効果が得られる。点描画は筆の代わりに綿棒やつま楊枝などを用いると描きやすい。

ステンシル

　広く孔版の意味で使われる版画技法の一つ。金属、防水性の素材に文字や模様を切り抜いて紙や布の上に置き、上から絵の具・インク・染料を刷り込み、抜かれた孔の部分を染色する技法。綿や布を丸めて布でくるみ、糸や輪ゴムでとじたものに絵の具をつけてぽんぽんたたくと染めやすい。単純明快な輪郭と均一な色面が得られることが特色である。絵の具の染色法によっては、ぼかしや濃淡をつけられることも可能である。版を何度も使用することによって同一モティーフの反復が可能である。

デカルコマニー（合わせ絵）

　吸水性の低い紙やガラスの上に絵の具を多めにたらし、上から他の用紙を押し当てることで偶然にできる形態と色調の効果を得る技法。二つ折りにした紙の内側に絵の具を置き、押し合わせて開くと対称的な形が生まれる。色の置き方、水の量、紙の質などによって異なった効果が得られる。ロールシャッハの心理テストにも用いられる。

●造形表現の技法

フィンガー・ペインティング
　筆を使わずに、手や指に絵の具をつけて描いていく技法。指先やつめの跡による線の効果や色の重なりによっておもしろい表現になる。一般的な水彩絵の具は粘り気が少ないため、絵の具にでんぷんのりや木工用接着剤を少量混ぜると用いやすい。また、どろどろした触感を味わいながら色や形が変化していく様子を楽しむことができる。ただし、でんぷんのりは腐りやすいことや、木工用接着剤は白色だが乾燥すると透明になるため、活動中の色と乾燥後の色に違いが出ることに注意が必要である。木工用接着剤は、絵の具の発色が格段によくなるメリットもある。

スパッタリング（霧吹き）
　絵の具を霧状に吹きつけて形を表す技法。歯ブラシや穂先を切った硬い筆に絵の具をつけ、紙から10cmぐらい離した金網の上でこすると絵の具が霧状に散って紙に付着し、いろいろな形や色調の表現効果を生むことができる。歯ブラシは先端ではじくようにし、絵の具を濃い目にすると細かな粒子状の表現ができる。操作を繰り返すことで、濃淡やいろいろな色の重なりが生まれる。また型紙を置くことで、形を抜いて表したり抜いた形を写すこともできる。

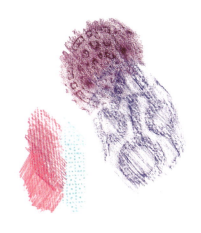

フロッタージュ（こすり出し）
　表面に凹凸のあるものの上に紙をあて、鉛筆やクレヨンなどでこすって紙に凹凸を写し取る技法。木片や葉、石などの他に壁や床、タイルなどにも用いることができ、こすり出すものによって様々な表現効果が得られる。

地域創生における美術と文化芸術

　今日、人口減少や少子高齢化が深刻化している社会の中で、美術のもつ力に注目が集まっている。地方活性化の事業の一環として美術が活用されるなど、文化芸術活動が盛んに行われている。文化資源を活用した地域や経済の活性化の事例も散見されるようになった。そこには美術のもつ、人と人とをつなぐ力が大きく関わっている。現代の日本社会では、社会とのつながりが希薄化し社会的弱者が孤立していく状況が様々な環境で存在している。そのような人々を再度社会とつなげ、全ての人々を社会の構成員として取り込んでいくという社会的包摂の考え方において、芸術文化は重要な役割を担っているのである。社会的包摂は「絆づくり」ともとらえられ、その方法として文化芸術の利用に関心が寄せられている。

　過疎が進み町や村の活気がなくなったり、経済的にも困窮したりという状況に陥った地域の創生に向けて文化芸術を活用する事例で期待されるのは、経済面での再起や人々の活気の回復だけではない。文化芸術としての美術は、ボランティアで現地を訪れる若者との交流やアーティストとの関わり合い、観光客との交流などを通して、高齢者が多く孤立しがちな地域の人々のつながりづくりにも貢献している。文化芸術は、土地の魅力の再発見による観光客誘致や産業の付加価値などによる経済の活性化など、様々な分野での効果が認められ、地域創生の中枢を担うものとなっている。

　現代アートを活用した地域活性化の例として、瀬戸内国際芸術祭が挙げられる。3年に一度開催される国際芸術祭で、春、夏、秋の3つの期間から構成されている。2016年の開催では、33の国と地域、約230組のアーティストが参加した。そのうち12か国が新規参加で約150組が新規展示である。約200点のアート作品（うち過去開催の恒久作品85点）が展示された、開催地である瀬戸内海の12の島と高松港・宇野港周辺を巡るという大規模な芸術祭である。瀬戸内海の島々では人口減少や高齢化に伴い島に住む高齢者の孤立や地域社会の活力の低下など、日本の多くの過疎地の市町村が同様に抱えている問題に頭を悩ませていた。島固有の性質を生かし、作家やボランティアスタッフ、地域住民の協働でアートをつくり上げることで、島の住人の元気を取り戻すことを目標として始まったのがこのアートプロジェクトである。また、人口の増加、地域振興を図ることも目的とされていた。第2回となる2013年の開催では、来場者数は約107万人を記録し、経済効果は約132億円（事業費約10.2億円）となった。そして、直島町では、首都圏から若い世代が移住し、年2％強の人口減少率が1％程度にまで改善しており、下げ止まり傾向が見られている。また、アートプロジェクトは土地の魅力の発見による観光客の誘致などから、地域の知名度アップも見込める方法である。

　このような地域活性化を目指すアートプロ

ジェクトでは、作品完成までの過程も重要になる。そこには様々な人々の協働的な活動が見られるのである。地域住民を良い意味で巻き込んでいく形でその過程は進んでいく。開始当初は無関心であったり批判的に受け止めていたりした住民も、一生懸命なアーティストやボランティアスタッフの姿から徐々に変わっていった。協働的な取り組みが、皆を参加者にしていき、観光客との関わりも加わることで地域全体が活気に満ちてくる。地域住民の積極的な参加がこのようなアートプロジェクトでは重要な要素の一つとも言えるほどになっている。こういったところで、美術の人々をつなぐという側面が見られている。3年に一度という定期的な開催は、地域の活気を保つことにもつながっている。また、多くのリピーターが足を運んでいるという。美術は作品を通して、人と人だけではなく、人と時間、場所、様々なものまでをもつないでいるのである。

　このように、文化芸術における美術は、ただ見せてもらう美術から参加する美術へと変化している。この動きによって学校教育における美術教育の内容も変化が求められてくる。

　中学校美術科の教科書においても、文化芸術に関係すると思われる内容が扱われている。社会や地域を元気にする美術の力として、アート・イベントを直接取り上げた内容の他、地域の文化施設である美術館の取り組みや役割について理解を深め、普段の学習に活用したり、愛着のある作品を見つけたりする活動、人と人とをつなぐ力や、体験をもとに感じた美術作品の可能性など、美術のもつ力について考える活動などが記載されている。作品の制作でも、現代アートに多く見られるような野外設置の形式をとった作品や、パブリックアートを理解したうえでの環境を想定した作品の制作などが取り上げられている。また、感動や充実感をもたらすような、共同制作についての内容も多く見られる。

　文化芸術には、生涯教育の観点が大きく関わってくる。生涯教育の要となるような美術教育の役割が期待される。地域の文化芸術施設の理解から郷土への誇りや愛着を培い、幅広い美術の享受にひらかれた心を育てる教育が求められている。多くの人の身近にあり、その力に巻き込まれることで効果が期待される文化芸術において、地域との根強い結びつきをもつことができる学校教育だからこそ、その中での美術教育の役割は大きい。

　多くの問題を抱える現代において、社会が元気になっていることに美術が役立っている。

　地域の文化財や観光資源を生かすなどの幅広い文化芸術活動により、その効果が社会を元気にする可能性は、よりいっそう広がりを見せている。それぞれの地域の特色を反映した文化芸術資源の活用が期待されている。

●「おどぞう船から見える船」(中学1年)

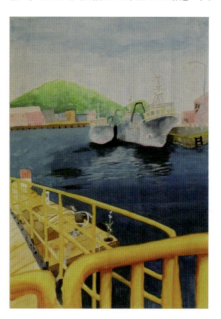

　眼前に広がる風景とともに、作者自身が乗っている船の一部を手前に大きく取り入れた構図が印象的で視界の広がりを感じさせる作品である。柵の立体感や停泊している船の細部までしっかり観察しながら表現し、視点の動きが表れている。船の黄と海や空の青が対照的で、日差しの強さや海のきらめきが感じられる。

表現のポイント
- 近景、中景、遠景を意識したモチーフを取り入れることで遠近感を表現しようと工夫している。
- 下部の大部分を黄色と青色という補色色相の配色にすることによって、あざやかで強い印象を与えている。
- 近景から遠景にかけて少しずつ色調が薄くなり、ぼかしやにじみを効果的に使うことで広がりが感じられる。

●「涼しい神社」(中学1年)

　木々が生い茂った中にひっそりとたたずむ社が風の通り道となり、葉が熱い日差しを柔らげてくれた夏の一場面を感じさせる作品である。屋根の骨組みやしめ縄、葉の一枚一枚などをよく観察して描いており、神社の静寂さが伝わる。また、木の幹や社の柱の陰影についてコントラストをつけて表現することで立体感と光の表現へとつながっている。

表現のポイント
- 両端の樹や石垣などで神社を囲むようにして描くことによって、奥まった印象を与える構図になっている。
- 葉や幹、石垣に様々な色やタッチの変化をつけることで、それぞれの質感がうまく表されている。
- 手前に大きく枝を広げた葉の向きや大きさ、重なり、色の変化を意識しながら描くことで、生き生きとした葉や木漏れ日の美しさを表現している。

●「団結。海の上の共同作業」（中学1年）

　海上で行われている網の引き揚げ作業の様子が臨場感たっぷりに表現されている。漁師一人ひとりの表情が細かく描かれているわけではないが、作品全体から動きや力強さ、荒々しさを感じることができる。揺れる船の上で漁師達が力強く網にかかったたくさんの魚を引き上げる一瞬の様子を切り取り、一つの画面の中に大胆に収めているところが、この作品の魅力であろう。

表現のポイント
- 作品の題名通り人物を中心にした構図となっている。人物を全てきれいに画面の中に入れずに、あえて大胆に切り取って一つの画面としてまとめたところが、動きや力強さを表現することにつながっている。
- 配色については、漁師の緑、網の赤という補色関係にある色彩が一つの画面にあることから、見る人の目をパッと引くような効果が絵の中に存在している。
- 色を塗っている筆のタッチも大きく大胆に施されている。構図の大胆さと重なり、海上作業ならではの力強さなどが強調されている。

●「墨象〜墨・いろ・かたち〜」（中学1年）

　漢字一字から表したい自分の内面を、墨を用いて表現した作品である。作者は「海のように広く優しく、時には強い人になりたい」という思いを作品に込めている。この作品で用いられている墨には色みがない。色が自由に使えないという制約があるからこそ生み出される豊かな創造性が、この作品には見ることができる。

表現のポイント
- 画面いっぱいに描かれた「海」は、海の広さと同時に心の広い人間になりたいという作者の願いを表現している。
- 一つの作品の中に様々な濃淡の墨の色が存在している。優しさや強さなどを濃淡の変化で表現し、描かれている線も力強く勢いがあったり、優しく緩やかさがあったりと、表したい内面を表現しようとしているのが伝わってくる。
- にじみやちらしなどの表現は、墨ならではの表現である。常にこうしたい、という形や色が表現できるわけではなく、偶然によるところも大きい。しかし、その偶然にできた表現におもしろさや美しさを感じながら、そこにさらに工夫を加えながら制作に取り組むことができるのがこの題材の魅力であろう。

●「旧愛用靴」（中学1年）

　はかなくなった靴を鉛筆や色鉛筆を使って丹念に描いた作品である。左右の靴をバランスよく配置し、靴の複雑な形をていねいに描いている。表面のビニールや使い込まれた布の感じ、中敷きのやや硬めの感じなど、それぞれの部分の質感が表現されているとともに、適切な陰影によって立体感も感じられる。作者のこの靴への愛着が伝わってくる作品である。

表現のポイント
- 靴全体の形とともに、ひもなどの部分と靴全体の形をバランスよく描いている。
- 布の違いやビニールの感じを表現するためにハッチングやハイライトの入れ方を工夫している。
- 陰影の位置や濃さ、部分的な色彩をよく観察し、鉛筆や色鉛筆で適切に表している。

●「不思議な森へ」（中学1年）

　デザイン等に発展する表現の基礎的学習として、「構成」の考え方や手法を学ぶ。その導入として従来から行われてきた表現である。観察に基づき形や色を並べる際、中心を定めて方向、大きさ、重なり等を考え、愛着をもった「草達」の世界へ吸い込まれるイメージへと主題化されている。全体的に抑えられた色調で、非対称の形の重なりや寒色を基調として配された暖色が美しい。

表現のポイント
- 赤系の色と青系の色のコントラストが美しい作品である。互いの色が引き立て合うように彩度を工夫し、バランスのよい配色となっている。
- 植物をよく観察し、その中から自分なりの美しさを見つけ出し構成している。

中学生の絵

●「越天楽の構成」（中学1年）

　このデザインは、音楽を聴いて平面構成を考えたものである。音からのイメージを形にすることは、構成をするにあたって自由度が高く、生徒の発想力を引き出している。扇面の形を基本にしているが、音が流れるような構成であり、ピアノの鍵盤とそこからあふれ出る要素が、画面いっぱいに広がって、あたかも音楽が聞こえてくるようである。

表現のポイント
- 音からのイメージを独自に工夫し、抽象的な表現もまじえつつ構成している。広がりのある構成であり、変化と統一のバランスがよい。
- 原色をあまり用いず、グレイッシュトーンなど中間色をうまく使った色調と、明度差を意識した配色でリズムが感じられる。
- ポスターカラーだけでなく、色画用紙などを使っての配置も考えており、構成に多様性がある。トータルバランスが優れている。

●「伊崎町の顔」（中学1年）

　自分が住んでいる身近な地域を描いた風景画である。日々通っている通学路の風景を、素朴でありながらダイナミックかつ繊細に表現している。本人が見て感じたままの情景を、強弱をつけることにより、素直に表現している。この生徒がもつ独自のタッチで画面全体を描写し、地平線をわざと水平からずらすことによって、さらに動きのある個性的な風景画の表現となっている。

表現のポイント
- 身近な通学路の風景だが、近景に電信柱や木の茂みを持ってきて、遠景に向かって伸びる細い道を配置することにより、とても遠近感が感じられる構図となっている。
- 水平線を斜めに入れることによって、よりダイナミックな構図にすることに成功している。加えてそのダイナミックさが、生徒本人がもつ個性的な表現をよりいっそう引き立てている。
- 生徒本人のもつ独自のタッチにさらに強弱をつけることにより、作品の良さをより引き立てている。細部までしっかりと描き込まれているところもよい。

●「水辺の風景」(中学1年)

　水彩絵の具を巧みに用いた透明感のある風景画である。特に、水面の表現では、にじみの効果により深みを感じさせ、背景が映り込んだ表現からはきらめきを感じる。また、石垣や木の表現は色面で表すことでリズムを感じ、画面全体のバランスのよさが表現できている。短時間で描いているが、工夫と統一感を感じる作品である。

表現のポイント
- 描きたいテーマを明確にし、どのように画面に収めるかを決めることが大切である。
- 短時間で描かせる際には、絵の具の使い方、色彩のまとめ方などに工夫と統一感を意識させるように指導したい。
- 表現したいものの特徴に応じて、重色や混色、にじみなど、水彩絵の具を効果的に用いることが大切である。

●「きれいな花」(中学1年)

　身近な花を素直に伸び伸びと描いた作品である。下書きの時点から構図が意識されており、ピンクの花が画面の中に心地よく並び、二つ並んだ鉢も遠近感を感じる。着色もていねいで、花びらの微妙な色の変化や、光を感じる葉、鉢の丸みなど、色使いや筆遣いに表現の工夫を見ることができる。

表現のポイント
- 身近なもののスケッチでは、モチーフに対する印象を大切にしたい。形のズレを気にせず、特徴を素早く、伸び伸びと表現するように指導したい。
- 着色では、淡彩を意識させ、スケッチの伸びやかさを生かすことが大切である。
- 陰影や立体感、奥行きなどを表現したいという生徒に対しては、着色や筆遣いについて具体的にアドバイスをすることが大切である。

中学生の絵

●「鉛筆デッサン」（中学1年）

　鉛筆で金属の質感、特に金属が持つ光沢を表現しようと工夫した作品と言える。取手やふたの黒い部分も力強くしっかりとした黒で表現してあり、質感の違いを意識した表現になっている。部分的な観察に集中しているため、やや全体的なバランスの悪さは感じられるが、発達段階から見ると、中学1年生らしい表現だ。形のゆがみを超えた作者の思いや、制作に対する誠実さの伝わる魅力的な作品である。

表現のポイント💡
- ●注ぎ口が左斜め下に見える角度から見ていて、全体的に時計回りに回転していて、動きのある作品になっている。
- ●対象をよく観察していて、光の当たり方を忠実に表現しようと明暗の調子を数段階に変化をつけて描いている。
- ●身近な素材の魅力に気づき、感じ取ったイメージを素直に鉛筆の特徴を生かしながら表現している。

●「カッター訓練の時皆で力強く」（中学1年）

　カッター訓練の様子が臨場感たっぷりに表現されている。生徒一人ひとりの表情が細かく描かれているわけではないが、作品全体から動きや力強さ、互いを意識しながら活動している様子を感じることができる。水平線を斜めにすることで、洋上の揺れる船の上での奮闘ぶりが伝わってくる。海面の表現にも濃淡やタッチを工夫しながら取り組んでおり、中学1年生らしい素直な作品である。

表現のポイント💡
- ●このようなモチーフの場合は、形や動きの再現性を求めて写真をもとに描くことが多いが、この作品では形のズレを気にせず、自分の思いと印象をもとに伸び伸びと表現している。
- ●スケッチの伸びやかさを生かすように、淡彩や筆の勢いを意識しながら表現している。
- ●手前に人物を配し、画面奥の高い位置に島影を描くことや、オールを立てて画面を分割することで、海の広さや船上での緊張感を表現しようと工夫している。

●「身近にある美しさ」（中学1年）

　秋を思わせる落ち葉や木の実をモチーフに、余白を生かしながら、ていねいに表現している。質感の違いを意識しながら一つひとつのモチーフをしっかりと観察している。集中力の高さと緊張感が伝わってくる作品である。制作に対する誠実さの伝わる魅力的な作品である。

表現のポイント
- 描きたいテーマを明確にし、どのように画面に収めるかをよく考えて、構図を決めることが大切である。
- 落ち葉の微妙な色の変化を、重色や混色、にじみなどの水彩絵の具の特徴を生かし、巧みに表現している。
- このような作品では生徒にとって、陰影の表現、特に地に映る影の表現に苦戦するが、適切な指導のもと自然な表現ができている。

●「リンゴパラダイス」（中学1年）

　リズム感と躍動感のある作品である。配色にも工夫を凝らし、描いている最中の生徒の楽しそうな表情が想像できそうな作品である。平塗りの技術もしっかりと身につけており、もてる力を十分に発揮している。

表現のポイント
- リンゴからのイメージを自分なりに自由に発展させ、抽象的な表現もまじえつつ構成している。広がりのある構成であり、変化と統一のバランスがよい。
- グラデーションやモダンテクニックなど学習した技術を自分の表現に取り入れ、自分の表現の可能性を追究している。

中学生の絵

●「風の便り」(中学1年)

　題名の表す通り、さわやかな作品である。写実的な表現の追究よりも自分なりのイメージを優先させ、思いを伝えることを楽しんでいる作品である。花やクローバーの葉、犬の毛並みなどの微妙な色の変化や質感の表現に、色使いや筆遣いに表現の工夫を見ることができる。

表現のポイント
- ●画面に大きく描かれた少女の表情は、優しく穏やかで、犬の散歩中に感じた風の心地よさをよく表現している。
- ●水彩絵の具だけでなく、クレヨンやパステルのような描画材も取り入れ、目に見えない風を表現しようと工夫している。
- ●風に揺れる髪の毛や香りを連想させる花びらを巧みに配し、表したい内面を表現しようとしているのが伝わってくる。

●「一日の始まり」(中学2年)

　タイトルから毎日通っている駅であり、作者にとって見慣れた景色の一つであることが分かる。日々目にする何気ない景色の中でも、歩道橋の階段から見下ろしたホームと線路という構図を選んでいるところがおもしろい。この階段を降りることで一日が始まるという思いを細長く続く線路でうまく表現している。

表現のポイント
- 一点透視図法を用いて線路がどこまでも伸びていく様子を効果的に表しながらも、消失点を少しずらしていることで安定した中にもわずかな動きが生まれている。
- 階段やホームの色合いに微妙な変化をつくり、コンクリートの質感をうまく表している。
- 階段や手すり、線路の細かな描写とは対照的に、周囲の草花が大胆な筆致で表現され、風の動きが感じられる。

●「私が創った価値観」(中学2年)

　何気ない路地裏の景色を独自の色彩とタッチで表現し、どこか異世界に迷い込んだように感じさせる作品である。雑多なものが散らばる通りは、そこに暮らす人々の生活を思い起こさせ、効果的な配置と色合いが柔らかい雰囲気につながっている。少し暗めの路地に対して明るい色調で表現された空が路地を抜けた後の開放感を感じさせる。

表現のポイント
- 一点透視図法で道と建物が描かれ、路地の先に続く遠近感がよく表現されている。
- 印象派を想起させるような補色を多用した色彩によって陰影を表現しながらも、中間色を用いることでまとまりも感じられる。
- 再現性にこだわらない細かなタッチと色の変化によって風景を描いており、それらの色は作者の感じたものであることがよく伝わる。

中学生の絵

●「力の限り」（中学2年）

　自分の「手」をモチーフにした版画表現である。力強さを全面に出し、希望や未来に向かってのイメージを強く感じさせる。多色木版による表現で、彫りの力強さと、グラデーションによる色調の変化がうまくマッチしている。手のポーズは光の方向に指を伸ばし、何かを掴もうとしており、伸び伸びとした感性が感じられる。

表現のポイント

- タイトルにもあるように「力の限り」というテーマをしっかりととらえており、光に向かう「手」を象徴的に力強く表現している。
- 多版多色木版であり、2版を使った作品である。1版目は彫らない色のみのグラデーションで、2版目を「手」を彫って、力強さと方向性を表現している。
- 1版目と2版目を色違いのグラデーションで刷っている。色の違いも意識した刷り表現を行っており、明度差・彩度差を考えて色を使っている。下の色とも対比を考えた色彩表現であり、特に明度変化を重視し、効果が上がっている。

●「内なる思い」（中学2年）

　この作品は、コラグラフ（版に色々な素材を貼り付けたり、樹脂を塗ったりしてつくる版画）の版を作品化したものである。安定した円形から放射線状に伸びる素材が、長方形の画面からはみ出し、勢いを感じさせる。また、版に貼り付けた素材が画面に厚みを与え、レリーフ作品のようにも思わせる。抽象的だからこそ内面性を感じる作品である。

表現のポイント

- 抽象表現では、偶然できた色や形から受ける感じ方を大切にし、意図的に構成し直しながら画面に統一感をもたせることが大切である。
- コラグラフでは、素材の質感が作品にダイレクトに反映するので、素材の選択にこだわらせたい。また、本作品のように版自体が作品になり得る場合は、意図的に表現したものではないので、再構成するよう指導することが必要である。

●「先輩」（中学2年）

　大好きな先輩をモデルに描いた作品である。単なる写実表現にとどまらず、先輩へのあこがれや雰囲気を最もいい表情や角度から描こうとしているように感じられ、主題を明確に設定している点が高く評価できる。髪の毛や白い服、肌の表現など光と影の表現や質感などの技能も優れている。

表現のポイント

- 人物表現のみならず、写実表現では特に何を描きたいかという主題を明確にすることが大切である。人物表現の中でも誇張するなど写実から離れる作品では、色や形などを主題に照らして工夫させたい。
- 描画材については鉛筆や水彩絵の具、色鉛筆など様々考えられるが、主題に応じて選択することが大切である。特に色鉛筆を用いる場合は、しっかり描き込むように指導したい。

●「墨で表現」（中学2年）

　工夫された筆の運びが印象的である。4つの文字を1つの作品として構成し、それぞれの文字のイメージを墨一色で多彩に表現した作品である。水墨画は、一見地味になりがちであるが、墨の微妙な濃淡やぼかし、かすれなど墨の特徴を最大限に生かした斬新な作品である。線に勢いを感じられる部分や緩やかに感じられる部分などがあり、試行錯誤したことが感じられ、深みのある作品に仕上がっている。

表現のポイント

- 筆と墨の特性を理解し、文字を絵画として表現している。表現と技法がうまくかみ合った作品になっている。
- 文字からのイメージを大切にして、そのイメージを墨の濃淡やぼかし、かすれなどでうまく表現するとともに、空間を上手く使い構成を工夫して、奥行きの感じられる作品に仕上がっている。

●「時が止まる場所」(中学2年)

　この作品は、描かれている場所(形)や色から温かみを感じられる。特に趣のある木枠の窓や木の床、すりガラスや水場など色を重ね、混色を行うことでその場所の雰囲気までもうまく表現している。また、日常の何気ない風景も、改めてじっくり見つめ直すと新たな発見があることに気づかせてくれる作品である。そして、この作品からこの場所に対する作者の思いが感じられる作品になっている。一つひとつのものをていねいに、誠実に描いている。実際に見た色とは違う色を使いながら、あたたかさや温もりを表現している。

表現のポイント
- 色彩から自然の柔らかな光や木の温もりまでも感じさせる。景色から受けるイメージを色で表現している作品になっている。
- 単調になりがちな景色の中から、作者のこの場所に対する思いまでも感じられ、この場所と生徒との深いつながりが作品を通して表現されている。

●「私のお気に入り」(中学2年)

　細部までていねいに描かれている。この作品は、日頃使い慣れているものをモチーフにすることで、観察に加えて、触感などの五感を働かせて形や質感などの特徴をとらえて表現している。ぬいぐるみ、はさみとクリップを描くことでお互いの良さを引き立てている。また、作者の対象物に対する鉛筆のタッチから質感の違いや愛着までも感じられる作品に仕上げている。

表現のポイント
- 形や質感などをじっくり観察させ、その特徴をとらえ、細部まで忠実に表現している。描く対象の陰影を描いて立体感や遠近感を出し、ものが本来もっている色や質感を的確にとらえ、描き分けている。
- 高度な技術力だけでなく、そのものに対する温かみや愛着までも感じられる作品になっている。
- 単調になりがちな鉛筆デッサンでの表現を、白と黒の濃淡をバランスよく使って表現している。モチーフを2つの画面に分けることで画面がしまって見え、そこに構成の工夫が感じられる。

●「私をかたち創るもの」（中学2年）

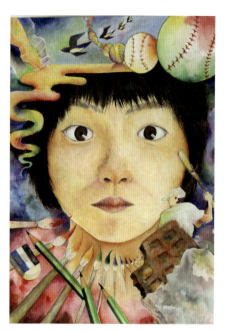

　口を堅く結び、澄んだ瞳は真っすぐ一点を見据え、新たな世界に向き合っている作者の心情が想起される。野球ボール、燕、絵筆に鉛筆と消しゴム、食べかけの板チョコとバットを構えるユニフォーム姿の少年、人物を取り囲むように表されたこれらを画面に収めず、グラデーションで配置することによって画面に動きを与え、主題へと帰結している。

表現のポイント
- 自画像のテーマに構想画の要素を取り入れ、多様な要素をバランスよく組み合わせて堅固な画面を構成している。テーマを深める事前の学習がていねいに行われたことが想像される。
- 下描きの線は極力抑えられ、色使いに統一感がある。隈取のような陰影で立体感を表し、多彩な色が、滲みぼかしの手法で濃淡を変えながら幾重にも塗り重ねられている。

●「Ｇｒｅｅｄ」（中学2年）

　十代半ばの少女を取り囲む等身大の物欲の世界が、縮図のように表現されている。大きさも用途も異なる物体が、作者の嗜好というテーブルの上では、同等の価値をもち、羅列される。私達の身の回りにあふれかえり消費を促す物質の世界と、そこから新たなものを創出していく様相を構築した画面の構成力は卓越している。

表現のポイント
- 主体色のセルリアンブルーとマゼンタに白を混ぜ、異なる色相のトーンをそろえている。背景にディープイエローを用い、拡散しそうになる要素を一つの作品にまとめ上げている。
- 着色はていねいな平塗りで、明暗で陰影を施し、対象物の立体感を表している。下描きにかなりの時間を費やし、それを上回る労力が着色に充てられていることが想像される。

中学生の絵

●「気持ち」（中学2年）

　画面の中心に球体があり、その中に髪の長い少女が佇んでいる。蚕の繭のような殻に守られた小さな人物の姿は小さく、色使いと同様、繊細で儚い印象を与える。上部からは、のしかかるように何本もの手が伸び、その間にはたくさんの目が冷たい視線を絡ませている。画面の下部から沸き立つようにはばたいている蝶の群れが球体を取り囲む。

表現のポイント
- 群れを成す蝶は、青紫と白のスパッタリングで重層的に表され、吹き流しによる筋状の白線が色面に変化を与えている。
- 少女が佇む球体は、折り紙の蝶や左端の右手と同様にコラージュされ、存在感を増している。
- モダンテクニックで生じる偶発的な色彩効果にインスピレーションを受け、多様な画材を併用して微細な色彩感覚を発揮している。

●「母親」（中学2年）

　人物は身近な題材として取り上げられるが、テーマをどのように表すかと難しい面をもっている。ここでは母親の何気ない表情に人物への愛情と性格を醸し出している。動きの出しにくい正面から描いているが手の入れ方に変化をもたせている。背景には生活感を感じさせるものを人物の表現に劣らないほど細かく描いている。

表現のポイント
- 人物をよく観察し、特徴やそこから受けた印象を大切に表現している。
- 人物に帽子をかぶらせ、それが人物の象徴となり、また茶の色調も顔の肌色をより明るく浮き上がらせるものとなっている。
- テーブルの色と服の色とが対照的な色調になっている。また、服のしわの細かな描写と同様、テーブルに光と影で人物の反射を表しているところがすばらしい。

●「大島の坂道」(中学2年)

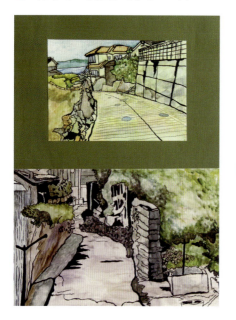

　構図的には奥行きのある風景を遠近法を用いて表している。描線は線の強弱により陰影も表している。明るい風景の色調と黒の描線のコントラストが画面を引き締まった調子に仕上げている。島の坂道や遠くに海が見えるお気に入りの場への思いを込めて描いている。
　画面の大きさの違うスケッチを2点と台紙の色が効果的な調和を表している。

表現のポイント
- いずれも一点透視図法を用い、画面の行方を追うように奥行きが表現されている。
- 日差しの明るさと強さを明るい色調が表している。描線の黒を効果的に残していることでコンクリートのひびなどの質感を伝えている。
- 水彩絵の具の薄緑色の濃淡が画面に透明感を出している。
- 入り組んだ石垣や木々の葉なども特徴をよくとらえ、省略や変化を加えている。

●「The 柱」(中学2年)

　鉛筆によるスケッチではあるが校舎を支える柱をど真ん中に置き題名にも通じる意図的な構図である。光と影を鉛筆の濃淡で的確に表している。
　柱のある校舎と背景にある校舎がつながっているように配置され、遠近法により奥行きを伝えるものとなっている。木々の葉を逆光で輪郭を細かく表しているところも柱を浮き上がらせる存在になっている。

表現のポイント
- 一点透視図法の構図や鉛筆の濃淡など様々な方法で奥行きを表している。
- 立体感やその表面の形がより表現されるようにと鉛筆の線の美しさをていねいに描いている。
- 日中の太陽の光を画面全体から感じることのできる作品である。

●「海に広がる音」（中学２年）

　コラグラフの作品である。版を重ねることで色に深みが出て、響き合う色のイメージが題名につながる。
　画面を自由に動き回る線が、長方形の画面からはみ出し、勢いを感じさせる。また、台紙についても大きさや配色などに工夫が見られ、作品をより引き立て美しく見せている。

表現のポイント

- ●偶発的な色彩効果にインスピレーションを受け、それを意図し，計画性をもちながら、微細な色彩感覚を発揮している。
- ●コラグラフでは素材の質感が作品に与える影響が大きいので、素材の選択にこだわらせ、意図をもって制作に取り組ませたい。
- ●台紙の選び方や大きさなど指導が行き届いている。また、生徒が自由に選べるように色画用紙の準備など表現を保障している。

●「日射しが当たって輝いてみえたのです」（中学3年）

　作者が日常のふとした瞬間を切り取った風景画である。タイトルからも分かるように、光と陰の色合いを意識して、柔らかく表現することに成功している。普段の何気ない風景をとらえた観察眼が3年生らしい。道に落ちる陰と日射しの表現は難しいのだが、陰による遠近感もよく出ており、さりげない表現が光っている。

表現のポイント

- 何気ない日常にある風景だが、奥行きのある構図で、遠近を感じる風景画になっている。
- タイトルにもあるように、作者は日射しとそれによってできる道の陰の煌めきを描きたかったと思われる。陰の中にも色の変化が見られ、特に淡い色の使い方がよい。
- 遠景は細かいタッチで、しかし透明感のある水彩表現で、空気感がうまく表現されている。近景の道も難しい平面をうまくとらえている。何より穏やかな心情にされる風景となっている。

●「ある夏の日の風景」（中学3年）

　まず、構図のおもしろさに目を引かれる作品である。暑い夏の日に、ふと部屋の窓から外の様子を眺めた瞬間が想像できる。何も考えなければ、見過ごしてしまいそうな日常の何気ない風景である。目の前にあるすだれとそのすだれがつくる日影がなんとも涼しげである。対照的に左半分の外の様子はギラギラと暑く、この日は雲一つない晴天の空ではなかったかと想像させるほどである。

表現のポイント

- ふとした何気ない風景に価値を見出し、大胆な構図でまとめ上げているところが素晴らしい。葛飾北斎の富嶽三十六景にあるような大胆で奇抜な構図にも通じるところがある。
- 大胆な構図ではあるが、描写表現は大変細かく、繊細である。特に、右半分のすだれによって創り出される影の微妙な色の変化の表現についてはよく観察されている。すだれの一本一本が大変ていねいに描かれているだけではなく、そこに創り出される影の微妙な濃淡の変化までもがよく表現されている。

発達段階から見たアドバイス

　中学校3年生では、今までの経験や学習したことを総合して、自分が表現したいものに出会う方法を自分の感性や想像力を働かせ、自分で選んで表現することが大切になります。作品に向かう姿勢としては、対象の形や色の特徴を深く見つめ、印象を大切に表現する気持ちを大切に育てたいものです。また、混色や重色などの基礎的な技法を指導した上で、表現意図に合う構成や配色をさせましょう。

中学生の絵

●「My World 〜 15歳の私〜」（中学3年）

　自画像を表現した作品である。中学3年ともなると、深く自分の内面を見つめ、悩んだり考えたりすることが多くなる。その一方で将来の自分の在り方に思いを馳せることも増えてくる。この作品は、そんな自分をマスキングテープなどの材料を用いて、自由な色の組み合わせでコラージュして表現している。楽しみながら、伸び伸びとそして生き生きと「自分」を表現した様子が感じられる作品である。

表現のポイント
- 作品の題名にもあるように「My World」、自分の世界観をコラージュという技法で表出し、上手にまとめ上げることができている。
- 様々な色合い、模様のマスキングテープを一つの絵の中に効果的に組み合わせて用いることができている。
  見る側も、思わず作品のそばまで近寄ってじっと見たくなるような作品である。
- 作品を表現するために、どのような画材や材料を用いることができるのか。自由な発想で身近にあるものを上手に取り入れることで、より幅広い表現づくりにつながることを気付かせてくれる作品でもある。

●「Riki」（中学3年）

　自分の名前から得た「Riki」の文字から線を延長させ、枝などの具体物を描いたり、セクションをつくりその中に線や円などで模様を描いたりしている。直前に自ら描いた線や形、またその時々の気持ちから次々とイメージが誘発されて形ができ上がっている。さらに、背景の配色や装飾の工夫によって全体的に色や形のバランスがとれた作品である。

表現のポイント
- ゼンタングルという表現方法を用いて、線や形から自由にイメージを膨らませ、次なる線や形を発想し形にしている。
- 描いた文様がバランスよくなるように、点を打つ部分や塗りつぶす部分を工夫している。
- 主な形のイメージに合わせ背景の配色や装飾を工夫している。

「日常」(中学3年)

　観察して表している作品である。1点透視図法を使い部屋の奥行きを表わすとともに、長机やパイプ椅子、金属製のロッカーなど多くの対象物を質感までていねいに表している。また、光の観察と表現が特に優れており、机やパイプ椅子の反射だけでなく柱や窓枠に当たる光までも描き、部屋の雰囲気をより表現している。

表現のポイント
- 一点透視図法を使い奥行を適切に表現することができている。
- 様々な対象物をよく観察して、形をていねいにとらえるとともに、混色や着色方法を工夫して色彩や質感を的確に表現している。
- 光が当たる場所やその強さをよく観察し、表現するために着色方法を工夫している。

「Wonder　Land」(中学3年)

　作者の夢の世界が画面から飛び出し、夢と現実の世界を行き来する。優しい表情の動物が作者の周りを温かく包み込む。「こんな世界があったらいいな」。中学3年生は現実世界だけでなく、想像の世界においても考えが深められるようになる。人物の髪の毛を鉛筆で描く手のリアルな表現が作者の強い願いを表現している。

表現のポイント
- 色が濁っていないので明るく澄んだ色調で全体が描かれ色鉛筆で細部を描き込むことでリアルな表現に柔らかさが加わっている。
- 描く手や人物の腕の方向が中心の人物に目がいくように工夫されている。また、背景の動物の顔を外向きに描くことで画面に広がりを与えている。

●「にんにくとたまねぎ」(中学3年)

　筆の細やかなタッチを生かした質感と立体感の追及を感じることができる。皮の薄い感じや幾層にも重なっている感じを表現しようと工夫されている。色については少し抑えた色調で紫色のバランスがいいことと、新聞の文字の黒を抑えて邪魔にならないように配慮している。また、たまねぎの葉の部分にも着目し、ていねいな観察から自分なりの色を発見しているところが評価される。

表現のポイント

- たまねぎとにんにく、新聞紙の形がバランスよく配置されている。
- たまねぎは隣り合った部分の色を比較しながらつくり出していて、実際の色や光沢、光の当たり方を注意深く観察している。
- 一枚の作品に仕上げるにあたり、線や色の強弱を見たままに表現するのではなく、意図的に変化をもたせながらつくり出している。

●「ふと見下ろせば」(中学3年)

　画面左側を広く開け、右側に花を配した構図が魅力的だ。ポツンとある小石もバランスよく配置されている。水彩絵の具の使い方として混色や重色の技術もしっかりと身についており、日常目にする何気ない景色を透明感のある色彩で見事に切り取っている。葉の重なりや陰影の表現には中学校3年生らしい計画性がうかがえる。

表現のポイント

- 花と小石、土の淡い色と濃い色のバランスの良い構図となっている。
- 花びらや茎、葉は細かいところまで観察されていて、隠れたところも見えてくるような、花の構造をしっかり理解している知性を感じる。
- 色彩も補色関係にある黄色と紫色のハーモニーの美しさや緑色の色調の美しさが魅力的である。

●「一瞬の夢」（中学3年）

　画面全体が明るい色調で表現されており、作者の思いがあふれ出てくるような構成が印象的である。また、空と上部から流れ出た水の青色に透明感があり、画面にバランスよくつながりを生んでいる。一つひとつの図案には、作者の夢がきめ細やかに表現されており、楽しみながら制作した様子が感じられる。

表現のポイント
- ●動物や昆虫、花々に囲まれた作者が自己の夢の世界を伸び伸びと表現している。
- ●一つひとつの筆使いがていねいで、作者の誠実さが画面の中からひしひしと伝わってくる。
- ●作者の意図する現実と作者の夢の世界が、題名との関連性をもたせている。

●「自画像」（中学3年）

　対照的な色合いで画面が構成されており、斬新で存在感のある作品である。瞳の色が作者の思いを想像させるような色使いで印象的に表現されている。白シャツの表現では、メリハリがある中にも、ほんのり優しい質感で画面全体を明るくさわやかに描いている。

表現のポイント
- ●色彩表現が絶妙で、モチーフのそれぞれの質感をしっかりととらえ、描いている点は参考となる。
- ●エメラルドグリーンの瞳に透明感が感じられ、穏やかな表情がさらに際立っている。
- ●色鉛筆を使った丹念な制作で、集中力と根気強さのいる表現に挑戦している。描いている間に自分の思いが、はっきりとした色と形になっていく楽しさが伝わってくる。

●「自画像」(中学3年)

モノトーンで明暗や質感がていねいに描かれ、素朴さと温かみが伝わってくる。線の繊細さと力強さ、柔らかさなど、それぞれタッチに工夫が見られ、技法を生かし、効果的に表現されている。画面の中から、ふとつぶやきが聞こえてきそうな親しみの感じられる作品である。

表現のポイント

- 髪、顔、制服等の質感をじっくりと観察し、ていねいに描き込まれている。
- 眼鏡の奥からこちらを見つめている瞳が印象的であり、画面の手前に描かれている手が、人物全体の存在感をさらに強めている。
- 鉛筆の黒がしっかりと表現されており、独特の深みが感じられる。黒い部分をしっかりと表現しないと諧調の幅が狭くなるのだが、力強く塗りつぶすことに抵抗感を覚える生徒も多い。そのような作品を例に挙げ、鉛筆画の表現の豊かさについて理解させたい。

●「ねぎ　アスパラガス」(中学3年)

身近な野菜をモチーフとして選び、水墨画という伝統的な表現方法で描いていることもおもしろいが、一般的な水墨画とは趣が異なる。柔かく軽く、ややフラットな色調の中にアスパラガスの鱗片状の先端部、ねぎの筋の描写が美しい。アスパラガスやねぎの下から上に延びるラインの特徴もよくとらえている。二つの絵を並べて見せていることも、細長い形が響き合っており自然である。

表現のポイント

- 水墨画の表現の特徴である墨の濃淡を丹念に追究した作品で、確かなデッサン力に裏付けされた作品である。
- 伸び伸びとした表現の中にも緊張感が感じられる。余白が効果的に生かされ、モチーフの存在感をさらに強めている。

●「〜あたたかな想い〜静物画」（中学3年）

　質感描写が見事である。テキストをめくりながら、誰かのために一つひとつ編み込んでいく人の想いや静かな時の流れが、鑑賞者の間近に在るような感覚を覚える作品である。このように、「表現」とはものの形を忠実に再現することよりも、その背景にある物語に思いを深く巡らせ、それを表す色や筆致、全体の感じなどを追求することであるとあらためて気づかせてくれる作品である。

表現のポイント💡
- ●紙、毛糸、陶器のカップ等の質感をじっくりと観察し、ていねいに描き込まれている。
- ●これまでの学習で培った確かなデッサン力と、水彩絵の具の特徴を理解した着彩の技術を十分に発揮し、自分の思いをしっかりと表現している。
- ●素直で、画面の隅々まで行き届いた思いは、豊かな感性を感じさせ、本人の努力と指導の確かさを見て取ることができる秀作である。

●「己の壁を破る」（中学3年）

　思春期の中学生の心情がストレートに表現されている。壁に描かれた数式や重要語句。それを打ち破る力強い拳。対照的に背景には、平面的に表現された世界的に有名な建築物や赤茶色一色の背景が描かれている。この構成が平凡になりがちなテーマを魅力的な作品にしている。

表現のポイント💡
- ●壁の質感や厚さがしっかりと表現されており、飛び散る破片とともに作品にリアリティを与えている。
- ●灰色で立体的に表現された壁や手に対して、背景は装飾的で壁紙のような表現でそのコントラストが見る者を引きつける。
- ●このような作品の場合、画面の左側一杯まで壁を描いたり、背景をマーブリングで表現したりしがちだが、よく考えて構成がしてあり、そのことが力強さを強調している。

中学生の絵

●「ブラックホール」（中学3年）

　透視図法や投影法を巧みに利用し、独特の世界観を表現している。立方体や三角錐、多面体やらせんのベルト物体などが、渦を巻くように構成され、豊かな色彩とともに自分なりの空間を構築した画面の構成力は卓越している。

表現のポイント

- 様々な色相の多面体を配置を工夫し、拡散しそうになる要素を一つの作品にまとめ上げている。
- 着色はていねいな平塗りで、明暗で陰影を施し、対象物の立体感を表している。集中力と根気強さが要求される制作に挑戦し、その成果は見るものを圧倒する。
- 知的に工夫され構成された画面は、下描きにかなりの時間が費やされていることが想像される。

中学校美術科での鑑賞活動

鑑賞活動の可能性

　表現の学習においては、これまでの造形に関わる教師の尽力によって多様な教材が開発され、様々な指導の手立てが工夫されてきた。その甲斐あって、今も不易と流行を重んじながら、よいものをつくり出そうとする姿勢が受け継がれている。

　山口県学校美術展では、時代の流れに応じてどのような作品を推奨し、どのような指導を心がけて欲しいかを、子ども達の作品を通して示してきた。

　このような表現の学習における追究が進められていることに対し、鑑賞の学習はどうであろうか。平成元年の学習指導要領の改訂から鑑賞の充実がうたわれ、すでに30年が経過した。鑑賞の学習も、近年の改訂では十分な時間数の確保や児童生徒の作品、アジアの文化遺産などといった内容に至るまで具体的に示されるようになってきた。それは、鑑賞教育が具体的に実践され、様々な成果を上げ、活発になってきた現れでもあろう。

　ただ、表現と比べれば、まだまだ歴史の浅い分野であることには変わりはない。それならばなおさら鑑賞の学習は、検討が必要な分野であり、表現の学習と同様に可能性のある分野となる必要があろう。

独立した鑑賞活動の必要性

　中学生ともなると、ほとんどの生徒は自分なりのよさや美しさに気づいてくる。ただ、そのよさや美しさとは、表現と結びついたものが多く、技術的な視点に立って判断されることが多い。具体的に言えば、本物そっくりに描いてある作品を見て、「すごい」とか「うまい」とかいう反応をする生徒が多いということである。それは、写実へのあこがれが起因していると思われる。また、鑑賞した美術作品について生徒に聞くと、好きな作品は印象派やシュルレアリスムがかなりの割合で高い。印象派を好きだといった理由のほとんどは「色が鮮やかできれいだから」、シュルレアリスムが好きだといった理由は「（技術的に）上手で、おもしろい絵だから」ということであった。このことから生徒にとっての「すごい」や「うまい」という基準は、写実性や技術面に偏る傾向が強いことが言えるのである。

　鑑賞の能力が表現と表裏一体の関係にあると言われるが、このような場面でそのことを特に感じる。ただ、このような鑑賞が続けば続くほど技術面との関わりが強くなってしまう。生徒の見方や感じ方を広げていくためには、「独立した鑑賞活動」による新しいよさや美しさの価値を伝えていくことも必要なのではないだろうか。つくることから解放された自由な鑑賞活動が今後の鑑賞教育をさらに発展させてくれるように思っている。

Column

味わうということ

　鑑賞の学習の導入で「錯視」を扱ったことがある。これは、科学的な見方と芸術的な見方の違いに気づかせたいという意図で行ったものである。言い換えれば、科学的なとらえ方を「観察」とし、芸術的なとらえ方を「鑑賞」としたということである。

　例えば、下の正方形内に放射線状に引かれた線がある。そこに図に示したようなア〜ウの直線を生徒に引かせてみる。すると、ほとんどの生徒は「すごい」というのである。また、ある生徒は「ウに比べるとイは曲がって見えるから、中心の方がより曲がって見えるのだろう」と分析をした。

　辞典を引くと「観察」とは、『客観的な立場で注意深く見ること』とあり、「鑑賞」は、『芸術作品を理解し、味わうこと』とある（小学館『国語辞典』より）。つまり、自分の思いを大切にし、「味わう」ことを目的とすれば鑑賞になるということである。まずは直線が曲がって見えることの「すごさ」を心から感じとることが大切なのであろう。そして、自分の目に見えるものを信じ、様々な思いを巡らせ、不思議や驚きを含めた美しさやよさを味わうことこそが鑑賞では欠かせないと考える。

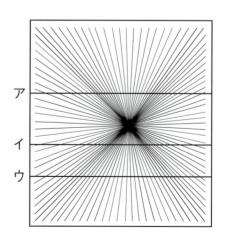

とすれば、例えば、ピカソの作品や水墨画の作品を鑑賞して「変」とか「分らない」で終えないように、教材を子どもから味わえるように工夫していくことが必要となる。授業者が、教材や作品の「よさや美しさ」の価値を明確にもつということである。しかしながら、「変」とか「分らない」とかいったことをある程度納得した形で分かるように読み解いていくことは容易ではない。ピカソの「すごさ」、水墨画の「美しさ」でまずは目の前の子ども達に理解可能であるか、伝えられるか、そして生徒自身がピカソは「すごい」、水墨画の「きれい」と思えるようになるかというところまでのシナリオが必要になる。そう考えると、生徒がすでにもっている「写実性」という固定化された価値観をどう変えて価値を広げていくかが、課題になる。

　最後に、実際に鑑賞学習においての課題を挙げるとすれば、まずは「教材（作品）への解釈＝生徒に何をどのように伝えていきたいのか」であり、次に「多様な見方を身につけ、多様な美術の価値観に対して理解を広げていく＝生徒が様々な作品に出会った時に見ることを止めないようにする」ことであると考える。見方を示し、多様な価値との触れ合いで鑑賞の能力を高め、美術文化への理解を深めていくことにもなると考える。

中学校美術科と評価

　現在われわれが取り組んでいる評価は、学習指導要領に示された目標や内容を、子ども達一人ひとりがどこまで達成できているかを見るための、目標に準拠した評価（絶対的な評価）である。それに伴って学習の目標となる「評価規準」を作成することが義務付けられているが、学校現場では「評価規準表」と呼ばれるものと「評価基準表」と呼ばれるものの2種類が混在している。これについて少し整理しておきたい。

　病院での診察の場面を例に取り上げて考えてみよう。初めに、症状や患者への問診により、おおよその病名を診断する。この診察にはガイドラインと呼ばれるものがあり、それにのっとって診断される。このガイドラインが「評価規準」に相当するものだと言えよう。次にその疾患の程度がどのようなものか、様々な検査を行う。もちろん病名によってその検査方法は異なってくる。腹痛でその病状から盲腸が予想されるのに、脳波の検査はしない。この検査が「評価基準」に相当する。疾患によっては検査をせずともすぐに判断を下せる場合もあれば、複数の検査を行わないと判断できない場合もある。

　では、中学校2年生の風景画ではどのように考えればよいだろうか。発達段階から見て「遠近法を利用して、奥行きや広がりのある表現ができる」というのが「評価規準」として示される。その時、具体的にどのような遠近法が画面の中で利用されているかを判断するのが「評価基準」であろう。下描きや構想の段階では線遠近法が理解でき、効果的に利用されているか、着彩の段階では空気遠近法が理解でき、配色の工夫がなされているかなどが、その達成の程度を見取るための基準とな

る。しかし、近景に対して遠景の彩度を何％下げたらA評価で、それ以下ならB評価などと数値化や、言語化することは不可能であり、ナンセンスである。このことが美術科の特徴であり、よさでもある。そこで、子ども達に「評価規準」を知らせる場合には、ねらいや課題の追及が明確になされている作品を提示することが多い。それは視覚的にも分かりやすいからである。本書の目的の一つに、発達段階にふさわしい作品を紹介することで一つの規準を示したいという思いもある。

　実際に評価する場面では、様々な方法で評価したものをどのようにまとめるかという課題がある。到達できたのかできないのかのみを評価する○×やチェックがふさわしい項目など、レベルや質、量が異なるこれらの評価を、どのような方法でまとめていけばよいのかということである。また、全てを単純に数値化して合計したり、平均したりすることでよいのかということである。例えば、「Cまたは×」という評価を受けた生徒が、その時間内または次の時間に「Aまたは○」のレベルまで努力した場合、初めの「Cまたは×」という評価が記録に残ってしまうのである。そこで、合計して平均化することは適切な評価と言えるのだろうか。もちろんこれらの評価は評定を出す際の大切な資料ではあるが、それに振り回されて本質を見失うことがないようにしたいものである。

　つまり、評価した全ての項目を数値化して単純にたし算するのではなく、その単元や学習活動を総括する際に様々な資料を達成目標に照らし合わせて、ABCの3段階の評価に置き換えるなど、教師の創意と工夫が必要なのである。

● 「スイーツ」（高校1年）

　キャンバスボード(F6)に表現されたアクリル画である。
　見ている側に、作者が楽しく制作に取り組んでいたことが伝わってくる作品であり、一つひとつのスイーツを大切につくり上げていくような印象を与える作品である。
　真上からの視点で描かれた円形のスイーツは、規則性をもって並んでいるが、微妙な円形の歪みが画面上に独特なリズムをつくっている。

表現のポイント
- モチーフを描く視点によって作品のおもしろさをより際立たせることができる。
- 対象の一つひとつに対する作者の思い入れにより表現を充実させることができる。

● 「はる〜葉留〜」（高校1年）

　F6号のキャンバスに描かれたアクリル画である。下地用の素材をメディウムに混入し、画面全体に塗布した上で制作している。
　作者は校庭の桜の木をていねいに見て、細部までしっかりと描き込んでいる。小品ではあるが、作者自身が納得できるまで描き込み、作品と向かい合って生まれた作品である。
　また、下地の質感が独特な効果を与え、春の柔らかい空気を演出している。

表現のポイント
- 手前の幹から空へとつながる空間の表現に工夫が見られる。
- 徹底した観察とていねいな描写力が魅力的である。

高校生の絵

●「自画像」（高校1年）

　キャンバスボード(F6)に表現されたアクリル画である。
　表現としては多少観念的な要素も見受けられるが、作者の眼差しに自分自身を見つめる力強い意志が感じられ、ぐっと折り曲げられた手のかたちが、それをいっそう強固なものにしている。

表現のポイント
- 表現したい思いを活かすための画面構成に工夫が見られる。
- 作者の思いを込めた力強い筆のタッチが作品の雰囲気をつくり出す。

●「現代名所百美女　粋なおばさん」（高校1年）

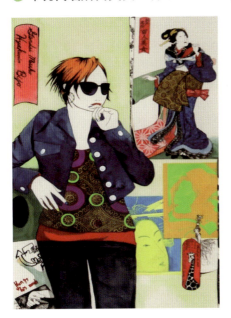

　右上の美人画は歌川国貞の「江戸名所百人美女王子稲荷」だろうか。これを現代名所百人美女として描いた作品のようだが、着物の色をジャケットのカラーに、帯の柄をシャツに置き換えている。浮世絵が描かれたのが1850年頃から、おおよそ160年を経たことになる。時間軸を絵画の中に表現しようとした試みがおもしろい。

表現のポイント
- モノを置き換えて見る視点というのは簡単そうで、いざやってみるとそう簡単ではない。一つひとつを丹念に選ぶことで表現の幅が拡がる。

●「イラストレーション」(高校1年)

　画やイラストは鳥獣戯画以来の日本の伝統文化であるが、それが作品として認められるには、オリジナリティあるキャラクターと技法と世界観、そして目的意識やそれを表現する技量が必要である。ピグメントペンと筆ペンと薄墨の筆ペンのみで表現されたこの作品には、それらが全て揃っている。作者の表現はバイオテクノロジーを想わせると同時に、そこに描かれた動物に目が描かれていないことからそれらへの警鐘を鳴らしているように見える。

表現のポイント
- ●あえてモノクロームで表現されている。
- ●線描と着色を併用して立体的に表現されている。
- ●観察から描写しているためリアリティがある。

●「獲物」(高校1年)

　高校生にとって、過去の作品の鑑賞は、常に新しい制作のヒントとなる。琳派や狩野派などが得意とした箔押し技法がこの作品では使用されている。おそらく西洋箔だろう。その上からアクリル絵の具で描かれたのはやはり日本画の題材となる蓮と蛙だが、作者はそこに現代的な自身の解釈を投影する。中南米に生息するアカメアマガエルと上方から垂れ込むコンセント。日本的でありながらもどこかワールドワイドな、興味深く不思議な空間が構成されている。

表現のポイント
- ●美術作品の鑑賞から着想を得ている。
- ●アクリル絵の具の特性を生かしている。
- ●泊を空間としてうまく表現できている。

高校生の絵

●「雪」（高校2年）

アクリルを併用した水彩画(四つ切画用紙)である。

白を基調とした淡い色彩の中に、作者自身の立ち位置が表現されている。題を「雪」としたことで作者の思いがよりいっそう深くなり、作者を取り巻く抽象的な画面と合わせて、見る側に連想させるイメージの幅を大きくもたせている。

また、単調になりやすい画面構成ではあるが、作者の力量が十分に発揮され、確かな空間を感じさせる作品に仕上げている。

表現のポイント
- 絵具の特性を生かした重ね塗りで、画面に奥行や深みを与えている。
- 紙を感じさせる形体を入れることで直線を意識させ、画面に緊張感を加えている。

●「青の群生」（高校2年）

F50号のアクリル絵の具による大作である。

日本古来の伝統的な意匠を取り入れた作風による表現は、大胆に金色で施された色面と、青を基調とした多種の植物によるエキゾチックな共演との対比が見どころである。

植物は一つひとつがていねいに描かれ、群生の中でもそれぞれの存在感がしっかりと感じられる。

表現のポイント
- 同系色の植物の色彩が、微妙な色合いの違いにより表現されている。
- 日本古来の意匠を用いた構成を感じさせる表現である。

●「栄華を誇る」(高校２年)

　F20号のアクリル絵の具による作品である。下地用の素材をメディウムに混入し、画面全体に塗布した上で制作している。作者が探してきた画像を基に構成し描いた作品である。

　日本画に見られる金箔を貼った背景を意識して表現しており、平面的な描写が作品としての一体感をもたらしている。

　作者の高い描写力が作品の魅力である。

表現のポイント
- ●高い描写力による薔薇の花の表現が魅力的である。
- ●画面の一体感を出すために平面的な描写を用いている。

●「遠き日の思い出」(高校２年)

　各自がそこにそれぞれの想いを投影できるので、空や雲など常にかたちを変えるものを描くことは高校生のテーマとなりやすい。この作品の作者も、自己の表現したい気持ちと向き合い、真摯に空と雲だけに想いをぶつけている。納得いくまで何十回と塗り重ねられた画面は、油絵の具独特の固化乾燥により、周囲の光をうけて観る者の心の色まで投影する。象徴的にごくごく小さく描かれた風船が、作者の想いへと観る者を誘うアクセントとして効果的に配されている。

表現のポイント
- ●油絵具の固化乾燥による透明性をよく理解し塗り重ねている。
- ●表現したいことをよく理解し、不透明なものを取り除き構図をつくっている。
- ●モチーフのサイズをよく練っている。

●「美術室」（高校2年）

　鉛筆デッサンはもちろん基礎的なトレーニングとして行われるが、ただ単に形態や色価を追究するだけではおもしろみがない。作者は午前中の柔らかな光の中、真新しい机の上や床に映り込む影に心を奪われ、それを表現しようと試みている。もはや形態や色価には重要性を感じていない。モネが光を表現するために色価を捨てたように、ヴラマンクが雰囲気を表現するために形態を捨てたように、作者の想いは自然と過去の偉人の表現を思わせる。これはデッサンではなくタブローである。

表現のポイント
- 表現したいことを理解して描かれている。
- 虚と実の描き分けができている。

●「にちじょう」（高校2年）

　手をつなぎ合う巨人のような若い男女。しかし、その奥にはさらに大きな脚がある。腕の上には一つ目の子どもや、兎頭の獣人、頭が花の植人もいる。体からいくつもの手が伸びている男女もいる。柔らかい色彩で描き込んでいるが、正体の分からないものを見ているかのようである。

表現のポイント
- 創造の世界は無限に広がる。広がりやすいため何に的を絞れば共感を呼べるのか、分からなくもなり易い。主題を常に念頭におき、取捨選択することも大事である。

●「TOTAN」（高校3年）

　絵画はたとえ抽象絵画であっても三次元を二次元に表現することである。この矛盾とも言える、絵画の平面性に注目することは絵画表現をする上で必然的なことである。作者は高校三年間の絶え間ない描写の末に、この命題に行き着いている。青く表現されたトタンの影の部分の爽やかな色彩が、錆びた部分や木部とのコントラストを成し、縦のストライプのレペティションが微妙な奥行きを再現している。高校生でも真剣に絵画に取り組めばここまで絵画の王道に迫ることができる。

表現のポイント
- 油絵具の固化乾燥化の特性をよく理解して表現している。
- 深い観察と発見と描写が成されている。
- 絵画の平面性に着目し、オールオーバーな画面構成が成されている。

●「ふたり」（高校3年）

　高校生は社会的に最も成長する。自己に向かっていた興味は、周囲との関わりへと変化する。その最も身近で最も日々の興味の対象となるのは友人である。作者は何気ない日常の学校生活を画面に映し込んでいる。細やかな服の表現や背景にも気を配りつつ、ていねいな描写がなされている。その描写は、最終的には人物の表情へと集中し、その瞬間の喜びと楽しさを表現しようとする。そして見事にその意図が伝わってくる作品が生まれた。

表現のポイント
- 観察による細やかな描写が成されている。
- 表情や心持ちを表現できている。

高校生の絵

●「君の住む家」（高校3年）

　夏のような強い日差しと水路に映る青々とした空、乗り手を待ち続けている自転車、奥には開口部の大きなモダンな建物と「ここの今を描いてみたかった」という思いが伝わってくる絵である。作者がいつも通る道中なのだろうか？　それともたまたま目にした風景だったのだろうか？　陽光を受けて輝く樹木や水辺が眩しく感じられる。

表現のポイント

● リアルに感じたものを心に留め置き、それを描いてみたいという気持ちこそ絵画の原動力であり、大切にしなければならないことである。

おわりに

　よい絵からは、子ども達が直接体験し、自分の身体を働かせて関わった様々な思いが伝わってきます。「僕、こんなことをしたよ」「私はこんなところへ行ったよ」「こんなことを思ったんだ」「こんなふうな感じがしたよ」など、友達や先生に伝えたい思いや、自分自身が反復し確認したい思いが強い作品は、見る者の心をとらえるものです。

　本書の編纂にあたってあらためて感じたことは、自分の手や身体、知恵や知識を働かせて制作する活動の大切さです。技術的に未熟であっても、そこによりよく表現したいという思いと工夫が感じられる作品は見ていて楽しいものです。

　そして、これらの作品は、自由気ままに勝手に描くような制作の過程からは生まれてこないということです。よい作品が生まれてくる背景には発達段階に応じた教師の働きかけが必ずなされていると感じました。本書に紹介した作品からも教師と子ども達の質の高い、造形的な関わりが読み取れると思います。

　子どものよさを引き出すことの上手な教師は、子どもの作品に興味や好奇心をもてる「ほめ上手」が多いと言われています。それは、制作の過程で何を描こうとしているのか話を聞いたり、具体的に工夫しているところを見つけてほめたりするなど、描いた子どもの心情を受け止め、認める心から出発している教師です。

　例えば、運動会を描く時、そこには「これは、誰かな？　○○ちゃんかな？　○○ちゃんは何をしていたのかな」「□□ちゃんは玉を拾っているね。△△君は玉を投げているね」など、表現がより豊かな世界へ発展するようなアドバイスや支援があると思われま

す。このような支援から、描かれた人物の表情や動きが豊かな、生き生きとした作品が生まれてくるのです。子どもの考えを引き出すような話しかけがあってこそ、子ども達の表現に豊かさと輝きが生まれてくるのです。

　ここで気をつけたいことは、よい絵を描かせようとやたらアドバイスをしたり、無理強いをしたりしないということです。楽しく、伸び伸びと絵を描ける場所と時間があるということが大切で、自分で工夫しながら手や身体、知恵や知識を働かせて活動する時間をしっかりと保障することです。工夫や努力が必要な場面でも、「〜しなさい」「これではダメだよ」などの命令や否定でなく、方向性を示したり、視点を変えたり、広げたりできるような肯定的な支援を心がけたいものです。

　本書は、私達山口県の造形教育に携わる者が、教室から生まれる子どもの作品のよき理解者、支援者となるにはどうしたらよいのかを模索する中で生まれてきたものです。読者の皆様も本書を通して、子どもの作品が語る世界のよき理解者となっていただければ幸いです。

　最後に作品の掲載を快諾していただきました幼児、児童、生徒ならびに保護者の皆様、関係教育機関の皆様に感謝し、お礼を申し上げます。

（山口県造形教育研究会　研究部）

付記

本書を作成するにあたり、山口県造形教育研究会研究部の教員が主に執筆しました。そして、図版等の協力を山口大学の学生にしていただきました。

執筆者・執筆協力者

足立直之、石橋哲、井上靖資、伊藤龍太、宇多田久美子、大森洋子、小笠原一彰、岡崎典子、小田佐也加、片山善則、小森晃子、佐々木真治、末富奈津美、正田明子、末富誠、辻村明日香、辻本紳一朗、津室和彦、中野一法、西村優子、野崎誠、藤谷育恵、古谷淳子、松本悦子、松田和子、三浦しのぶ、宮崎つぶら、宮崎龍次、村岡啓司、楊井朋子、山崎祐子、山下温子、和佐本静代

その他協力者

伊藤美菜子、西澤佑、徳永七海、田中真理子、高松安奈、烏田苑実、村木友香

監修者

福田隆眞

山口大学理事・副学長。博士（学術）。山口県造形教育研究会会長、山口県文化芸術審議会会長などを務める。デザイン、美術教育を専門として東アジア、東南アジアの美術と美術教育課程の実態調査を行っている。著書：『子どもの絵は語る』（三晃書房）、『美術科教育の基礎知識』（建帛社）、『解析 台湾・日本 児童美術教育と児童画』（台湾 風和文化芸術有限公司）など。美術教育の論文多数。

子どもの絵に学ぶ
絵から読み取る子どもの想い

2018年（平成30年）8月1日 初版発行

監 修 者	福田隆眞
編 著 者	山口県造形教育研究会 研究部
発 行	山口県造形教育研究会
	〒753-0070 山口市白石3-1-1 山口大学教育学部附属小学校　TEL：083-933-5950
発 売	三晃書房
	〒558-0041 大阪市住吉区南住吉4-7-5　TEL：06-6695-1500
デ ザ イ ン	株式会社ダブルウイング
印刷・製本	福博綜合印刷株式会社

Ⓒ 2018 yamaguchikenzoukeikyouikukenkyukai All Rights Reserved.
ISBN978-4-7830-8017-6　Printed in Japan

定価はカバーに表示してあります。本書の無断転載・複製を禁じます。
乱丁・落丁本は購入書店を明記の上、三晃書房（TEL：06-6695-1500）あてにお送りください。送料小社負担にてお取り替えいたします。